DECIPHERING SCIENCE SERI
破译科学系列

王志艳◎编著

中国近代
未解疑案

科学是永无止境的
它是个永恒之谜
科学的真理源自不懈的探索与追求
只有努力找出真相，才能还原科学本身

延边大学出版社

图书在版编目（CIP）数据

中国近代未解疑案 / 王志艳编著．—延吉：延边
大学出版社，2012.6（2021.6重印）
（破译科学系列）
ISBN 978-7-5634-4856-2

Ⅰ．①中… Ⅱ．①王… Ⅲ．①中国历史－历史事件－
近代－通俗读物 Ⅳ．① K250.5

中国版本图书馆 CIP 数据核字（2012）第 115159 号

中国近代未解疑案

编　　著：王志艳
责任编辑：李东哲
封面设计：映像视觉
出版发行：延边大学出版社
社　　址：吉林省延吉市公园路 977 号　邮编：133002
电　　话：0433-2732435　传真：0433-2732434
网　　址：http://www.ydcbs.com
印　　刷：永清县晔盛亚胶印有限公司
开　　本：16K 165×230 毫米
印　　张：12 印张
字　　数：200 千字
版　　次：2012 年 6 月第 1 版
印　　次：2021 年 6 月第 3 次印刷
书　　号：ISBN 978-7-5634-4856-2
定　　价：38.00 元

中国近代虽然只有短短百多年的时间，但它却给后世留下了不少扑朔迷离的未解之谜。

　　道光皇帝为什么决定把皇位传给奕詝(即咸丰帝)？太平天国时期，杨秀清是否逼封过万岁？石达开离开天京是"负气出走"还是"战略转移"？李秀成被俘后是真降还是伪降？戊戌变法时，康有为、谭嗣同等人是否密谋围攻颐和园，废掉慈禧太后？同治、光绪皇帝是怎么死的？民族英雄林则徐究竟魂归何处？中国远征军第一次缅甸战役缘何失败？鲁迅、周作人为什么兄弟失和？

　　通过后人的考证和论辩，这些近代之谜有些似乎已经解开，趋于定论；有些谜至今仍有争议。同时，又有更多的不解之谜不断地被人发掘出来。而每件未解之谜的背后无不隐藏着一个或震动历史、或震撼人心的重大事件。因此，这些近代之谜不仅是民间市井的重要谈资、更是史学界关注的重大课题。本书着力探索这些问题不仅是为了满足人们与生俱来的好奇心，更是为了澄清历史事实、拨开历史的迷雾，还原历史的本来面目，使我们更清晰地看到近代历史演进的轨迹，为后世提供科学客观的历史依据。

　　希望读者在阅读此书后，在轻松获取知识的同时，拓宽文化视野，得到审美享受和阅读的愉快体验。

　　本书在编写过程中，参考了大量相关著述，在此谨致诚挚谢意。对于书中存在的纰漏和不成熟之处，恳请各界人士予以批评指正，以利再版时修正。

目录
CONTENTS

目录
CONTENTS

咸丰帝即位之谜

咸丰，名爱新觉罗·奕詝，出生于道光十一年（1831）六月初九日。20岁登基，在位11年，31岁病死。咸丰是清朝秘密立储继承皇位的最后一位皇帝，他被后人称为无远见、无胆识、无才能、无作为的"四无"皇帝。他登基不久就发生了太平天国农民起义，之后又有英法联军进攻北京火烧圆明园，他在重大事件面前无所决策，迷于酒色，荒废朝政，留下千古遗憾。

那么，道光皇帝为什么决定把皇位传给奕詝（即咸丰帝）呢？

有一件事是记载在《清史稿》的《杜受田传》中。清朝的皇帝每年都在南苑进行打猎，道光也不例外。道光晚年的一天，南苑打猎又举行了，道光带了众皇子到南苑骑马奔驰。众皇子也可以借此机会在父皇面前好好表现一番，以显示自己高强的武艺。奕詝从小擅长刀枪射箭，今天为了在父亲面前展示自己的特长，更是使出浑身解数勇猛冲突，箭无虚发。打猎结束，诸皇子在道光皇帝面前

△ 咸丰帝

纷纷出示自己的战绩，奕詝自然是捕获最多，心中得意异常。再看奕訢，木讷讷地站在一旁，两手空空，一箭未发。道光感到十分奇怪，问他这是为什么。奕訢却不慌不忙地答道："父皇，现在是万物苏醒的春天，鸟兽开始繁衍挚育，我不忍心伤害这些生灵，来违反万物的生长规律。"奕訢的这番话，让道光十分高兴，不由赞叹道："这些真是皇帝应该讲的话。"奕訢仁义道德的言论，与道光的传统和标准比较接近，使道光立储的天平明显倾向了奕訢。

另外又有一种说法，与上面的这件事大体相同，也谈到了道光是如何在奕詝和奕訢两人中分出高下的。清人笔记说奕詝的老师是杜受田，奕訢的老师是卓秉恬。道光晚年生病时，有一天想召见二位皇子，打算通过最后考察以决定把皇位传给谁。两位皇子也知道即位已到了最后紧要关头，于是问计于自己的老师如何在父皇面前表现一番。卓秉恬告诉奕訢说："如果父皇问你什么事，你就知无不言，言无不尽。"卓秉恬这样讲的意图实际上很明显，因为奕訢人很聪明，反应也快，知识丰富，他完全可以凭借自己的才华压倒奕詝。而杜受田分析了两位皇子的实际情况后，认为皇四子应该扬长避短，用自己的特长来使道光产生好感。他对奕詝说："如果你的父皇问起国家政事，你在这方面的才识智慧是远远不能与皇六子相比的。要取胜，只有一个办法，那就是当父皇在谈及自己年老多病，可能不久于帝位时，你什么也不用说，只要一个劲地伏跪流泪，表现出你对父皇的孺慕真诚。"于是，道光召见时奕詝照着老师的话去做了，道光于是心里很高兴，他认为奕詝这个人实在太仁孝了，于是决定将皇位传给奕詝。

上面两种说法可能有虚构的成分，如根据《清史稿》，卓秉恬实际上并没有任奕訢的老师，故事的内容情节也不同，但所阐述的道理是一致的。打着仁孝贤惠旗号的皇四子奕詝，在多次竞争中击败了才智聪颖但急于表现自己的皇六子奕訢，最后被立为储君。

不过，还有一种说法就是道光最初已立奕訢为储，但后来又改变了。《清稗类钞》中说：道光晚年倦于政事时就想到要立皇储了，他见皇子中恭

王奕䜣最为成皇后宠爱，所以打算立他为储。他事先写好了奕䜣的名字，放置在乾清宫正大光明殿匾后。有一个太监在旁边偷偷看着道光写字的样子，见到最后一笔特别长，就怀疑道光写的名字就是奕䜣。太监便将这件事讲给人家听后，道光立奕䜣为储的消息就传开了。道光听到后，十分气恼，就把铁盒重新取了下来，更换了奕䜣的名字。照这种说法，奕䜣得到皇位，完全出于偶然，道光皇帝本意是选择奕䜣，因其事外泄才改为奕䜣。此事的真相其他史书上没有记载，今天已很难查实，但奕䜣受宠且有希望继立为君应该是事实，两人的被立机会是一样的。

　　道光三十年（1850）正月十四，道光皇帝即将走完他的人生，他在圆明园召见了大臣载垣、端华、僧格林沁等人，让总管内务府大臣文庆等在众大臣面前打开小匣子，宣示御书、遗谕。同时宣示了一份道光的亲笔朱谕，这份朱谕是道光病重时在圆明园慎德堂书写的。其内容为："皇四子奕䜣着立为皇太子，尔王大臣等何待朕言，其同心赞辅，总以国计民生为重，无恤其他。"这样从法律上讲，道光皇帝将奕䜣扶上了帝位，任何人不可能也不应该产生什么异议。

太平天国在何时何地建国

太平天国金田起义以后，以雷霆万钧之势横扫全国18省，坚持斗争18年之久。震撼中国大地的太平天国究竟在何时何地建国？史学界有不同的说法。

金田起义建国说。此说主要据《洪仁玕自述》："合到金田，恭祝万寿起义，正号太平天国元年，封立幼主。"（《太平天国文书汇编》）依其文意，太平军在洪秀全生日这天会聚金田村庆祝，同时宣布起义，立国号为"太平天国元年"，并封立幼主。一些著述均采1851年1月11日金田起义建国的说法。

罗尔纲先生不同意金田起义建国说。他认为金田起义发生于洪秀全生日这天，即清道光三十年十二月初十日（1851年1月11日），而太平天国辛开元年正月初一日相当于清咸丰元年正月初二日，洪秀全的生日已过去了20余日。太平天国正号"太平天国元年"是在洪秀全生日以后。此外，封立幼主也应在洪秀全称天王以后。

金田起义到底发生在什么时间？史学界持有不同看法。撇开这一点不谈，太平天国宣布建国是否与宣布起义同时？

金田起义后10天，即清道光三十年十二月二十日，清钦

△ 金田镇

差大臣李星源在上奏皇帝《会奏筹剿金田逆匪恳调提镇大员协剿摺》中说："金田村贼首韦正、洪秀全等私结尚弟会，擅帖伪号、伪示，招集游匪万余、肆行不法。"由此可知，太平军在金田宣布起义时已有"伪号"。"伪号"是不是"太平天国"国号，李星源未说明。学术界对此持有两说。

一、永安建制建国说。1851年9月，太平军攻克永安（今蒙山县）。12月17日，洪秀全诏封杨秀清为东王，萧朝贵为西王，冯云山为南王，韦昌辉为北王，石达开为翼王。除设官封王外，太平军相继建立了各项制度。"永安建制"初步奠定了太平天国的规模。有的学者认为，洪秀全封王建制标志太平天国正式建国。建国地点在广西永安，时间在太平天国辛开元年十月二十五日。

据罗先生考证，姚莹在《复贵州黎平府胡》的一封信中说，太平军"自号真太平天国，均有王号，设有文武伪职"。此信写于清咸丰元年七八月间时太平军尚未进攻永安州。据此看，太平天国立国号当在永安建制以前。

二、武宣东乡建国说。金田起义以后洪秀全进军武宣东乡，跟踪而至的清广州副都统乌兰泰在一份奏稿中描绘武宣东乡的情形说："臣于四月初三日抵武宣军营，访询贼情……武宣东乡会匪，立有伪王伪官名目，留发易服，众至万余，实广西腹心之患。"乌兰泰的奏报如果确切不误的话，那么可知太平天国封王封官最早是在武宣东乡，其时已规模初具。

洪秀全于1851年3月15日进军武宣县，23日，在武宣东乡称天王，诏令杨秀清为左辅正军师，领中军主将；萧朝贵为右弼又正军师，领前军主将；冯云山为前导副军师，领后军主将；韦昌辉为后护又副军师，领右军主将；石达开为左军主将。罗先生说："在同一天，洪秀全即天王位，立幼主，封百官，留发易服，宣布了太平天国的建立。"

杨秀清有没有逼封"万岁"

1856年9月至11月，太平天国内部爆发了一次严重的内讧，北王韦昌辉和燕王秦日刚率兵攻入东王府，将东王府上下几千人悉数杀死，后韦昌辉和秦日刚又被洪秀全诛杀，次年又出现了翼王石达开由于受到洪秀全的猜忌，率领10万精兵出走天京的余波。这场"天京变乱"严重挫伤了太平天国的事业，是太平天国运动由盛转衰的分水岭。

这场内乱缘何爆发，其起因是什么呢？一般都认为是因为东王杨秀清威逼洪秀全封自己为"万岁"，从而导致了统治者内部诸王之间矛盾的总爆发。可是有趣的是究竟有没有所谓的"逼封万岁"一事，百余年来，史载互异，莫衷一是，成为太平天国运动史上的一桩疑案。

事实真相究竟如何呢？对此，史学界颇有争议。

史学界大多数学者对"逼封"一事深信不疑，坚信"天京内乱"始于杨秀清"逼封万岁"，他们认为从历史上看由于农民起义领袖自身的局限性，这种在革命政权相对稳定后，彼此恃功自傲、互相猜忌，争权夺利是完全可能的。

著名史学家罗尔纲先生说，

△ 杨秀清

逼封确有其事，"内讧的起因，确是由于杨秀清逼洪秀全让位而起"。徐彻也认为：天京变乱是"杨秀清逼洪秀全让位而起"，"杨秀清要挟天王，威逼他加封自己为万岁，应视为篡位之举"。孙克复、关捷通过研究外国人在《华北先驱周报》上发表的通讯等资料认为："杨秀清'逼封'问题，是千真万确，无可怀疑的。""杨秀清'逼封万岁'给太平天国革命造成的后果是严重的。""是整个'天京事变'的导火线"。李宏生也认为："从现存的资料来看，杨逼封万岁的史载恐难推翻，洪秀全'主动加封'杨秀清万岁的断语恐难足信。"林庆元认为："杨秀清为了夺取洪秀全的最高权位，曾图谋对洪行刺并逼洪封其万岁，这一史实是无法否认的。"

另外也有大量史料可以证明这一点：张汝男的《金陵省难纪略》中记载："一日，（杨）诡为天父下凡，召洪贼至，谓曰：'尔与东王俱为我子，东王有大功劳，何止称九千岁？'洪贼曰：'东王打江山，亦当是万岁。'又曰：'东世子（东王之子）岂止是千岁？'洪贼曰：'东王即万岁，世子亦便是万岁，且世代皆万岁。'东贼伪为天父喜而曰：'我回天矣。'洪贼归，心畏其逼而无如何也。"张汝南本人曾记载，这段记述"系访问确切，得以附入。"另外，太平天国后期重要将领李秀成在其被俘后所写的供状中，也曾提到这件事：杨秀清"过度要逼天王，封其万岁。那时权柄皆在东王一人手上，不得不封"，最终杨"逼天王到东王府，封其万岁"。另据《贼情汇纂》记载：杨秀清后来确实行为跋扈，"自恃功高，一切专擅，洪秀全徒存其名"；还说："秀清叵测奸心，实欲虚尊洪秀全为首，而自揽大权独得其实，其意仿古之权奸，万一事成则杀之自取。"且"每诈称天父下凡附体，令秀全跪其前，甚至数其罪而杖责之"。因而在这种情况下，杨秀清假借"天父下凡"逼洪秀全封其为"万岁"是完全可能的。由此得出结论，正是由于逼封事件的发生才使得洪秀全感到东王有篡位之心，回宫后调动女兵防守王城，又密诏北王、翼王回京，从而出现了韦昌辉等血洗东王府的一幕。

然而反对者却认为，"逼封万岁"一事纯属捏造，很可能是韦昌辉或洪秀全以及二人合谋提出的诛杀东王的借口。

首先，李秀成对这件事的叙述很值得怀疑。因为杨在天京"逼封万岁"时，李秀成正在句容、金坛和丹阳一带同清军作战，根本不可能是"逼封"之事的目击者。再说李秀成"时官小，不甚为事"，还没有直接参与诸王之间的活动，因此他所说的"逼封"一事，肯定是道听途说而来，未必可信。

其次，《石达开自述》中曾记载，韦昌辉在就督江西之前，就有诛杀东王杨秀清之心，被洪秀全斥责拒绝。韦昌辉杀杨秀清后，洪秀全曾指责他："尔我非东王不至此，我本无杀渠之意。"杨秀清死后，洪秀全在《赐西洋番弟诏》中更是说东王是"遭陷害"，并规定"东升节"有关事项，以纪念杨秀清。从这些资料分析，很可能是韦昌辉自己捏造了"逼封"之说，并以此为借口，打着天王"密诏"的口号，诛杀了夙敌杨秀清。正如学者庄福铭在考证了大量史料后所说的那样："所谓杨秀清称'万岁'和'逼封万岁'说法，都是缺乏历史事实根据的。从天王诏旨和天国现存的文献记载看，杨秀清爵职虽续有增封，唯独'九千岁'之称照旧。参照清方和私家著述的记载，虽真伪间杂，互有歧异，但关于东王杨秀清及其子东嗣君称'九千岁'和天国诏旨、文献记载是完全一致的"，"杨'逼封'不是事实，而是韦昌辉策动'天京事变'诛杨伪造的口实"。

再者，洪秀全密诏韦昌辉和石达开秘密进京，无疑包含着让二王"救驾"的意思，因而很可能是洪秀全后来也有了诛杀东王之心，与韦昌辉合谋提出了"逼封万岁"的说法，只不过杨秀清死后洪秀全才惺惺作态地表明自己没有杀杨秀清之心。史学家史式就认为：

"洪秀全和韦昌辉发动突然袭击杀害东王杨秀清时,总得找个借口,于是在杨秀清死后立即出现了'逼封万岁'的谣言","根据'谣言对谁有利'的线索,我们不难发现:这些谣言都来自天王府,来自洪秀全"。

太平天国官方文书中对这件大事从没有做过记载,这也难免让人怀疑这件事的真实性。史学者奚椿年认为:"杨秀清代天父传言,一般都是把内容笔录下来,并作为文件一直保存","而这一次'逼封万岁'的传言,偏偏没有一字记录,连洪秀全本人也未提及","在英国发现的全部《天父天兄圣旨》中仍无此事的记载"。其中1856年8月9日天父下凡诏书,"明白无误地记得是天父指责'朝内诸臣不得力,未齐敬拜帝真神'。而所谓'封其万岁'天父既未主动提出,杨秀清也无'逼封'之举。这就再次证明《金陵续记》、《金陵省难纪略》以及《李秀成自述》所记均是与事实不合的"。

除了上述两个观点,也有说是洪秀全主动加封"万岁"的。这种观点认为洪秀全、杨秀清之间的矛盾是客观存在的,从事态的发展来看是洪秀全最早露出了杀机,密诏韦、石回京,而且"天京变乱"的最大获益者也是洪秀全。因此,不排除是洪秀全主动为东王加封"万岁",著名史学家方诗铭就认为"1856年,太平天国大破清军江南大营,天京相对稳定。洪秀全、韦昌辉认为时机已到,再露杀机,对杨秀清施加毒手。这次内讧也是洪秀全挑起的。如果加杨秀清'万岁'称号,属于'逼封',是由杨秀清挑起的话,那么他必然会提高警惕,尽管洪秀全、韦昌辉发动突然袭击,也不能如此轻而易举地将他杀死。新本《石达开自述》揭出了历史真相,加封'万岁'是洪主动的,一方面可以麻痹杨秀清,一方面又可以激怒韦昌辉,借韦之手杀死杨,然后再除掉韦昌辉。《李秀成自述》所叙述,是事后按照洪秀全意图伪造的历史"。从当时的情况看,这种可能也确实存在,因此"主动加封说"确实也有道理。

杨秀清究竟有没有"逼封万岁",是关系到"天京变乱"起因以及评价洪秀全、杨秀清功过的一个重要问题,也是太平天国研究中无法回避的问题,所以在得到足够的证据之前,是不好随便下结论的。

石达开出走之谜

石达开是太平天国领导集团中文武兼备的卓越领袖之一，"天京事变"后他率领精锐部队神秘出走，最后在大渡河导致全军覆灭。对其出走的根本原因，主要责任在谁，历来众说纷纭。史学界对此存在两种截然相反的观点，有的说是因为石达开本人，有的说是因为洪秀全的陷害。

那么事实究竟如何呢，两种观点的各自论据又是什么呢？

认为责任在石达开的观点由来已久，多为正统史书所采用。"天京变乱"后，石达开回朝，受到百官拥护，都向天王保举他辅佐天王治理天国。天王对深孚众望的石达开疑心重重，就封两个昏庸无能的哥哥洪仁发、洪仁达为安王和福王牵制石达开。对此石达开非常不满，由于早有远征四川，自立一国之心，遂于咸丰七年（1857）六月率领部队离京出走。洪秀全得知后十分后悔，削去了两个哥哥的王位，并刻了"翼王"金牌一道，派人追赶挽留。但石达开丝毫不为所动，依然远去。

清方缴获的《六安州总制掌书陈凤曹上六安州总制陈敬禀》中更有"翼王私自出京，誓不回去"一语。李秀成在《自述》中也说："那时朝中无将，国内无人，翼王将天朝之兵尽行带去。"在"天朝十误"中，李秀成更说："误因翼王与主不和，君臣疑忌，翼起猜心，将合朝好文武将兵带去，此误至大。"

清朝明心道人写的《发逆初记》中说，石达开未出广西之前，已经主张进军四川，但是杨秀清不同意。由此看石达开出走天京，远征四川是蓄谋已久的事情。

史学家多认为石达开骄傲自满，刚愎自用，希图占领四川自立一国，从而削弱了太平天国的军事势力，为这场轰轰烈烈的农民起义的失败埋下了伏笔，自己也最终兵败大渡河，留下了千古悲歌。也就是说，石达开出走的根本原因在于自己的不顾大局，一意孤行。史学家牟安世就认为："石达开出京远征的根本原因，首先在于石达开本人，""他利用群众对他的爱戴和推崇，具有擅权的个人野心，自负于他自己一系列的军事上的成就，滋长了目空一切的骄傲自满情绪，""从石达开以后的行动来看，他的出走实际上是一种分裂革命队伍的严重错误。"何龄修、龙盛运也认为：尽管石达开是被逼走的，但公开分裂的第一步毕竟是石达开迈出的，石出走后，洪秀全派人百计挽留，但石"拒绝义王封号，坚持分裂到底"，"石达开的分裂行动，也给他自己和他带走的大军，带来了毁灭"。这种观点把离京出走，造成革命分裂的一系列原因都归于了石达开个人。

但也有人反对这种观点，认为应该具体问题具体分析。具体地说就是，石达开离开天京根本原因应该是洪秀全，说石达开一心希图占领四川、自立一国是不符合史实的。至于最后公开分裂革命，这一责任则应由石达开来负。

首先，石达开离开天京是迫不得已的事情。天京事变后，洪秀全对异姓王愈加猜忌，专信本族，不信外姓，并纵容两个哥哥监视和挟制石达开，甚至发展"终疑之，不授以兵事，留城中不使出"，以至阴谋谋害。当时湘军就得到情报，说，"金陵各伪王忌石逆之能结交人心，石逆每论事，则党类环绕而听，各伪王论事，无肯听者，故忌之，有阴图戕害之意"。由此可见石达开在出走前处境之艰。并且以洪秀全的猜忌和阴险，杀掉人心所向的翼王是完全可能的。因此为了避免重蹈杨、韦被杀之覆辙，石达开逃离天京无可厚非。所以说，责任全在洪秀全。

至于洪秀全公开认罪后，按常理分析似乎石达开应该回去继续辅佐朝政，这样太平天国也许还会有一线转机的说法，有学者认为事实并非如此。洪秀全百般挽留石达开，也许只是惺惺作态。石达开就是回到天京一意委曲求全，也不一定能发挥多大作用，并且再次被洪秀全杀掉的可能性极大。另外，石达开和洪秀全在战略思想上也存在很大的矛盾。洪秀全自入天京之后，贪图享受，不思进取，只图眼前利益，再无长远眼光，保住天京城成为他的首要战略目标。而石达开认为只保京城，画地为牢，就会陷于被动，最后必然失败，主张以主力争取上游，夺取全面胜利。可能正是在这一思想的支配下，他觉得"将在外，君命有所不受"，可以按自己的战略思想指挥作战，以便发挥更大的作用。所以在洪秀全公开谢罪之时，他仍然不肯回京也完全在情理之中。

其次，李秀成在《自述》中所说："那时朝中无将，国内无人，翼王将天朝之兵尽行带去。"这句话是值得怀疑的。试想，石达开是私自离开南京的，并没有得到洪秀全的批准，岂能"将天朝之兵尽行带去"？事实上，石达开离开天京，渡江北上时，只带了随身警卫队伍数千人。在沿途张贴表明心迹的《五言告示》中，还谆谆劝告天国军民"依然守本分，照旧建功名"，并没有鼓动大家脱离太平天国，脱离洪秀全。还说，"惟是用奋勉，出师再表真，力酬上将德，勉报主恩仁。惟期成功后，予志复归林"。因此谈不上是分裂革命队伍，而只是被迫离去。"出师再表真，力酬上将德"等句也表明他根本就没有分裂革命队伍的意思。并且仅凭数千人，怎么可能远征四川，自立一国呢？而后来石达开能够聚集到十万人马，完全是许多旧部自愿追随，千里归附的，这只能说明石达开为人心所向。

正如史学家史式所指出的，石达开出走以后的实际行动证明他并非蓄意远征不返。从史料来看，石达开出走后的近两年时间中，他只在皖、赣、浙、闽等省活动，先是赴援江西，进攻浙江以配合天京解围，以后又经过福建到达赣南的南安府，接着又准备北攻赣州（没有实现），从没有脱离太平军的主战场。当时清军对石达开的去向也提出了各种猜测，但从没有提到他可能远征四川。近来发现的咸丰七年（1857年）九月德兴阿向清廷上的奏片，也进一步说明了石达开离开天京后，仍和洪秀全有着批复奏折联系。片中说："……又抄得石逆由安庆寄予洪逆违章一纸，内有令贼党李寿成（李秀成）会合张洛行领数十万贼分忧下游，又调贼党陈玉成、洪仁常、洪春元、韦志俊、杨来清等各率贼数万及五六千不等概回金陵，并欲赴援江西，窜扰浙江等语。而书中之意，似与洪逆各树党援，不相附丽。洪逆伪批，亦似外示羁縻内怀猜忌。惟贼踪分合无常，总不容稍疏防范。"咸丰帝朱批该片的日期为九月二十二日。

史学家史式分析认为，这一奏折出自清廷，并且也符合当时的实际情况，应该是可信的。从这一史料可以看出，石达开出走天京四个月后，仍与洪秀全保持着奏折的批复联系。并且是按照事先的作战计划与太平军各路人马紧密配合的。石达开仍然关心着天京的防务，并且能够继续行使他全军统帅（通军主将）的职权，调动李秀成等人率部回援天京。因此并非像通常说的那样，脱离天京后，石达开就自以为是，与南京失去了联系，走上了流寇主义道路。

说石达开主动分裂革命，就是从情理上来说也是讲不通的，石达开怎么可能一下子就断绝了与太平天国的感情呢？即便与洪氏集团有矛盾，他也不可能一下子就忘掉了太平天国。事实也是这样，一年以后在围攻浙江衢州时，石达开还曾大力配合天京方面的作战。而根据史实，直到石达开驻军江西南安府之时，才有人向他提出进图四川的建议，此时离开天京已近两年。这说明石达开离开天京前期根本就没有远征四川、自建一国的企图，而是仍和太平军紧密配合，努力解除天京之围。

因此史学家认为，石达开离开天京是被逼迫所致。正如吴廷嘉评价的那样：石达开的分裂主义错误"并不以天京出走为标志"，从1857年6月到1858年冬，他围战赣、湘、闽，未脱离太平军的主战场，"只是到了1859年2月，他确定远征四川，与天朝的政治军事斗争完全脱离，并一意孤行，无视洪秀全的悔悟，拒绝部下的告谏，才形成了他的转折和质变"。所以联系当时太平天国的政治军事局势，石达开被逼离开南京，最后走上远征的道路是在主客观以及时势所迫等多种因素的情况下不得已的选择，这才是历史的真实情况。

从以上分析看，认为责任全在石达开的观点无疑受到了挑战。不过事实究竟如何，石达开出走的责任如何划分，还需历史学家做出最后定论。

太平天国究竟有几位"万岁"

"万岁"是封建帝王的专称，一般来说同朝中只有一位"万岁"。具有浓厚宗教色彩和封建性的太平天国政权同样也有"万岁"之称，不过从现有的史料来看，太平天国的"万岁"却不止一位。而究竟有几位，史学家也没有一致意见。

有的说有两位"万岁"，即洪秀全与其子洪天贵福，天王洪秀全称"万岁"自不必说，幼主洪天贵福称万岁，确实有点非同寻常。不过这确实是真的，1851年的《太平礼制》中就明确写有："臣下称呼幼主万岁。"

有人说有四位，即除洪秀全和洪天贵福之外，再加上"上帝"和"耶稣"。因为按照太平天国的宗教政治观念，洪秀全拜上帝为"天父"，尊上帝为"万岁"，理所当然；耶稣作为洪秀全的"全父"，其子洪天贵福都能称"万岁"，耶稣称"万岁"也无可厚非。当然，如果真是这样，太平天国的四位万岁中，有两位是在天上，是子虚乌有的，地上还是两位。由于曾有东王杨秀清逼封"万岁"的说法，因此也有人认为应该再加上杨秀清，应该是五位万岁。不过，这种说法存在争议。

还有人说有八位"万岁"。这种说法是史学界争论最激烈的一种说法。在发现的一枚太平天国玉玺中，上书有"天王洪日，天兄基督，八位万岁，真王贵福"等44个字，既然有"八位万岁"之语，当然应该是八位万岁了。另外，太平天国《朝天朝主图》上的"天王诏旨"中有"仰哥朕幼真天主，光明东西八数龛"的句子，这也明确说明了有"八位万岁"。由此不难推测这"八位万岁"指的是天父（上帝）、天兄（耶稣）、天王（洪秀全）、幼主（洪天贵福）、光（洪秀全第三子）、明（洪秀全第四子）、东（东王杨秀清）、西（西王萧朝贵）。

从1851年颁布的《太平礼制》上看，天王诸子在那时只能称"千岁"，可是到了1858年颁布的《太平礼制》中就改为"光王三殿下永岁"，"明王四殿下永岁"，说明称谓的变化。而"永岁"与"万岁"字异而义近。由此光王和明王虽然还是小孩子，但被称为"万岁"是可能的。结合太平天国的实际情况，既然为了稳固人心，能够封两千多个王，封八个万岁也是可能的。甚至有人据此指出"八位万岁"中本来就有杨秀清，后来说他逼封万岁，纯属诬陷。

△ 玉玺

但是，这种说法遭到了许多史学者的反对。据《忠王李秀成自传原稿》所述，1852年11月"天王在长沙制造玉玺"，至今还没有发现任何资料说天王在此后又造了一方玉玺。"洪天贵福"一名起始于1861年，因此印玺中的"真王贵福"一句无法解释。明王生在天京，这是有据可考的，而太平军占领天京是在1853年3月，玉玺中"八位万岁"何来

明王呢？如果玉玺镌刻于1858年光、明王加称之后，那说明杨秀清在1856年并不是"万岁"。因为杨秀清1856年逼封万岁前，还是"九千岁"，如果他已是"万岁"，又何必逼封呢？假设杨秀清没有逼封，是后来诬陷的，那么如果杨确实已是"万岁"，这种诬陷还有什么意义呢？这都足以说明杨秀清不是万岁。

有的史学家通过大量史料考证后认为，这方玉玺严重违反了太平天国的礼制，与多方天国真玉玺的尺寸、规制都有明显差别，从而认为这方玉玺

根本就是假的，因此据此而来的"八位万岁"之说更是无稽之谈（这方玉玺只知道是在1950年12月，由上海革命文物收集委员会征集，原"中央博物馆移交的"，原出处无从可查，它的真伪至今也是一个谜）。而所谓的《朝天朝主图》"八位"之说，有的学者认为其实是一种误解。其原文是："上帝基督共朕三，爷哥朕幼三一添。爷哥朕幼东成主，爷排五数主当担。爷哥朕幼光明东，七数安息太平兼。爷哥朕幼真天主，光明东西八数龛。长次加上十全吉，三人同日苦成甜。"可以看出，此图本义正如天王诏颁图旨说的那样，是"朕今降诏定位次"，而非昭示谁为万岁。从图中看，这十位中的"爷、哥、东、西"四位皆不在人间，而另六位"朕、幼、光、明、长（洪秀全长兄洪仁发）、次（洪秀全次兄洪仁达）"恰是洪氏兄弟父子。与其说是突出前八位，倒不如说是突出洪氏家族更合此图真意。因此说，若按"八位"之理由，这里就已是"十位"了。幼、光、明王既然能为万岁，其二位伯父又为何不能呢？由此也反证"太平玉玺"与太平天国的礼仪不合，是伪造品。

另外，前文已提到的张汝南《金陵省难纪略》上也有记载："洪贼曰：'东王即万岁，世子亦便是万岁，且世代皆万岁。'"知非子在《金陵杂记》也写道："洪秀全随之向众党云：'嗣后均宜称东王为万岁，其二子亦称万岁。'贼众诺。"又有1858年礼制中被封永岁的洪秀全第五子洪天祐，若按"永岁"与"万岁"义相通之说，也是一位"万岁"。如此，就共有13位"万岁"了。这算是第四种"万岁"说法了。

太平天国究竟有几位"万岁"？看来是无法说清楚了。

太平天国宝藏之谜

太平天国覆灭后，曾盛传南京天朝宫殿下埋藏有大量宝藏，曾国藩兄弟所率湘军更是对此深信不疑，城破之日对南京城进行了大肆搜刮，但是否曾找到大量宝藏至今不知。另外还传说，石达开在大渡河被围困之际，也曾将随军携带的大量宝贝藏于某处，后来不知所终。那么太平天国是否藏有大量宝藏，最后下落又如何呢？

有人认为，太平天国在南京苦心经营十载，一直就有洪秀全窖藏金银财宝的传说，不可能是空穴来风。当时太平天国为了应付残酷的军事斗争，采取了所有公私财产都必须统一集中到"圣库"（即国库），人们生活必需品由圣库统一配给的制度，甚至规定百姓若有藏金一两或银五两以上的都要问斩。这种制度使得太平天国的财富高度集中，为窖藏的存在提供了可能。特别是洪秀全建天朝宫殿时，是倾"全国"所有，掠夺各地宝物于宫内，这也证明了窖藏的可能性。后来李秀成在临刑前的供状中也说："昔年虽有圣库之名，实系洪秀全之私藏，并非伪都之公币。王长兄（指洪秀全）、次兄（指杨秀清）且用穷刑峻法搜刮各馆之银米。"这就进一步说明，天京事变后太平天国政权由洪氏嫡系掌管，"圣库"财富已成洪秀全的"私藏"，因而洪秀全窖藏金银的可能性极大。甚至有人推测，洪秀全进入天京后便脱离了群众，避居深宫，十年未出。如果没有其亲许，任何人都不能进入天王府，对其他异姓诸王更是猜忌日深。

天王府成为他唯一信赖和感到安全的地方，如果要窖藏的话最有可能就在天朝宫殿附近或者天朝宫殿下面。

但是当年曾国荃讯问李秀成："城中窖瘗（音亦）金银能指出数处

否？"李秀成并没有正面回答。在自述中，他曾委婉陈述"国库无存民银米"，"家内无存金艮银"，似乎否定了窖藏的说法。并且太平天国长期处于清军围剿之中，日常开支甚大，有没有可能剩余大量财物，留下宝藏呢？这也是值得怀疑的。

不过不管怎样，破城之日，湘军四处掘窖金却是事实。曾国藩甚至还为此发布过"凡发掘贼馆窖金者，报官充公，违者治罪"的命令，他在给朝廷的奏报里也对此事毫无隐瞒，公然提出"掘窖金"的话。

然而湘军入城后不久，又流传开了曾国荃（曾国藩之弟）得窖金的说法。曾国荃的部队是最先进入天王府的，相传曾挖得洪秀全的藏金而入私囊，最终为毁灭证据，一把大火烧了天朝宫殿。

清人笔记中曾有记载，洪秀全的窖金中有一个翡翠西瓜是圆明园中传出来的，上有一裂缝，黑斑如子，红质如瓤，朗润鲜明，皆是浑然天成。这件宝贝最后落到了曾国荃手中。另有记载："宫保曾中堂（指曾国藩）之太夫人，于三月初由金陵回籍（湖南），护送船只，约二百数十号。"如此多人是护送窖金，还是其他重要物品？这也令人生疑。虽然曾国藩向同治帝所上的奏报中否认了天王府有窖金之事，只说除了二方"伪玉玺"和一方"金印"，别无所获，但是也让人怀疑是不是曾国藩欺上瞒下挖到了窖金，并秘密据为私有了呢？

后来南京民间仍旧流传着大量有关太平天国窖金的传说，如所传蒋驴、王豆腐致富的故事等。直到辛亥革命以后，还有军阀要掘太平天国窖金发财。这种种迹象似乎表明天京城内应有窖金。

也有人认为其实天王府并没有被全部毁掉，有不少还未烧尽，当年的核心建筑"金龙殿"依然存在，百年来从来没有对其地下进行过勘查。"金龙殿"下边说不定还藏有宝藏呢？

总的来说，太平天国是否有宝藏本身就是个谜；而曾国藩兄弟是否挖到了宝藏，并私吞了这些宝物也是个谜；至今"金龙殿"下面是否还藏有宝藏还是个谜。

△ 石达开

我们再说石达开的宝藏之谜。在一本名为《世界藏宝之谜》的书中，曾把"石达开藏宝之谜"列入其中。书中记载，翼王石达开率领的太平军覆灭大渡河前夕，曾将随军携带的大量金银财宝埋藏于大渡河某隐秘处。石达开当时还留有一张藏宝示意图，图上写有"面水靠山，宝藏其间"八字隐语。据说抗战期间，国民党四川省主席刘湘曾秘密调了1000多名工兵前去挖掘。在大渡河紫打地口高升店后山坡下，工兵们从山壁凿入，见到了三个洞穴，每穴门均砌石条，以三合土封固。但是挖开两穴，里面仅有零星的金玉和残缺兵器。当开始挖掘第三大穴时，为蒋介石侦知。他速派古生物兼人类学家马长肃博士等率领"川康边区古生物考察团"前去干涉，并由"故宫古物保护委员会"等电告禁止挖掘。不久，刘湘即奉命率部出川抗日，掘宝之事也就被迫中止。

除了大渡河边藏有宝藏的说法外，在重庆南川市铁厂坪民间也曾有石达开藏宝的说法。说是当年石达开西征途中路过南川，留下了一批宝藏，只要找到了一座名为"太平山"的位置，就能找到石达开宝藏。这些煞有介事的记载，让人觉得石达开藏宝好像确有其事。那么，事实究竟如何呢？

在大渡河岸边的石棉县安顺村，当地流传着这样一个传说：石达开随军带了很多金银财宝，这些金银财宝被装到7个大棺材里，他派相当于一个连的军队负责埋藏。埋完宝藏后，这一个连的人被守在出口处的由10个人组成的小分队全部杀死了。然后，这10个人的小分队回去吃完饭后全部死去，而做饭的炊事员后来也被一支毒箭射死。所以宝藏究竟埋在哪里根本没人知道。

在重庆南川市鱼泉乡山王坪"太平山"，确实能看到一块岩石上刻有"太平山"三个字，字体是普通的楷书，用錾子凿成，每个笔画成麦穗形状。据南川市文物管理所所长李黎介绍，"太平山"三个字，"时间太久，已经风化了，无法考据出具体年代"。不过，据说这里曾是当年太平军曾铸造过兵器的地方，从相关遗址附近挖出过一些破碎的青花、粗瓷瓷片，鉴定结果是晚清时期的，大致是与太平天国时间吻合，但并没有任何文字记载这里确实为石达开驻军之地。石棉县文物局和南川文物局也都表示没有任何的史料记载可以证明辖区内有石达开的宝藏。双方的回答如出一辙："民间传说而已，文物部门没有为此展开过任何专门的研究工作，也没有任何相关记载。"

但也有学者认为，太平军全军覆灭后确实留下了两大悬案：其一是太平军数量巨大的金银财宝秘藏之地；其二是翼王剑不翼而飞。当然，还有专家认为太平军当时的境况根本不可能有大量的金银财宝，完全是在弹尽粮绝的状况下才全军覆没的。

通过以上分析来看，所谓的石达开藏宝仅源于民间传说，除此之外并没有发现别的什么证据可以证明。不过，分析当时太平军的情况，就是真有藏宝之举也不会有人知道。因为藏宝本来就极为秘密，而石达开所率余部后来基本全军覆灭，就更不会有人知道了。

石达开生死谜案

石达开是太平天国的军事奇才，广西贵县人。早年加入拜上帝会，后来同洪秀全、冯云山、萧朝贵、杨秀清等人一起发动金田起义。此后，石达开被封为左军主将。永安建制之后，石达开得封翼王。后率领太平军作为先锋，从广西一路打到南京。1853年，太平天国攻陷南京，改为天京，正式建立起与清朝政府相对立的太平天国。石达开因为军功卓著，成为太平天国的主要统兵将领之一。此后，洪秀全派西征军沿江西上，直破江西、湖南、湖北等地，眼看就要攻下长沙，结果由于一时疏忽被曾国藩所率领的湘军所败，太平军节节后撤，先前攻下的武汉、黄州、岳阳等地先后失守，九江危急。这时石达开奉命率军到九江前线增援。石达开来到前线之后，一面指挥九江等地的守军顽强抗敌。一面将自己的军队分成几个小组，将曾国藩的湘军水师困锁于鄱阳湖内，然后放火焚烧，这一战几乎全歼了曾国藩的水师军队，急得曾国藩几乎要跳水自杀。从此西征军扭转战局、顺利地攻下了江西、湖北、安徽等大片的根据地。并进一步巩固了长江中上游的九江、安庆等军事堡垒。西征胜利之后，石达开又率精兵回师，会同燕王秦日刚等一举摧毁清军的江南大营和江北大营，解开了清军对天京的围困，太平天国在军事上达到了全盛时期。石达开也因为军功卓著得到太平军将士们的一致拥护。

1856年夏天，正当太平天国运动发展到全盛时期发生了天京事变。杨秀清"逼天王亲到东王府封其万岁"，引起洪秀全的强烈不满，洪秀全密令正在安徽督师的北王韦昌辉回京调解。韦昌辉同杨秀清素来积怨很深。9月1日，韦昌辉带领精兵三千人赶回天京，杀死杨秀清及其家属部众两万多人。后来石达开赶到天京，指责韦昌辉杀人太多，韦昌辉又想杀石达开，石达开在部众的帮助下逃出天京，韦昌辉就杀了他的全家和部众两万多人。石达开逃回江西前线之后，立刻率领亲兵几万人，东返天京找韦昌辉报仇。杀红了眼的韦昌辉又想杀掉洪秀全自立，洪秀全在天京军民的配合之下，杀掉韦昌辉等人，才最终平息了这场血流成河的内讧。天京事变是太平天国领导集团洪秀全、杨秀清、韦昌辉争夺天国领导权力的内讧。它给太平天国造成极其惨重的损失，断送了太平天国在军事上的大好形势，造成太平天国元气大伤。天京变乱之后石达开奉诏回京辅政，十一月石达开率军从江西前线的宁国经芜湖回到天京，受到天京军民的热烈欢迎，"合朝同举翼王提理政务"，洪秀全也不得不加封石达开为"电师通军主将义王"，命他全权处理天国政务。

石达开回京之后，尽弃前嫌，甚至连杀害了他全家的韦昌辉的父亲和兄弟都予以不许伤害。石达开竭尽全力稳定因天京变乱而造成的混乱局面，加强各派军队之间的团结，起用年轻的将领，缓解太平天国在军事上因为缺兵少将造成的压力。他重用只有19岁的年轻小将陈玉成，命他主持江北军事。然后又派精兵，牵制住江南、江南两大营的清军，争取主动，力挽危局。1857年5月，刚刚被石达开提升的小将陈玉成率部攻入鄂东地区，迫使正想顺江而下的清军敌人从九江分兵北上救援，遏制住了清军围攻的势头，打乱了敌人的战略部署，重新取得战场上的主动权。太平天国军民的士气重新高涨起来，把太平天国从面临覆亡的危机中挽救过来。

但是，石达开的一片忠心反而遭致洪秀全的猜忌。他见石达开辅政以来，功勋卓著，很得人心。又见石达开手下的部队都是太平天国的精锐之师，军力雄厚，因此害怕石达开会像杨秀清、韦昌辉一样对自己不利，故对石达开"时有不乐之心"，"深恐人占其国，使洪氏一家一姓的天下失之且夕"。为了牵制石达开，洪秀全分封他的哥哥洪仁发为"安王"，洪仁达为"福王"，负责管理军队的粮草，并参与国事，想以此来牵制石达开。但是洪秀全的这种做法违背了他起义之初许下的"非金田同谋首义、建有殊勋者不封王爵的规定"，也极大地伤害了石达开的忠心。石达开害怕洪秀全会对自己"阴图戕害"，最后落个"忠而见逼，死且不明"的悲惨下场。

1857年6月2日，石达开一气之下率领所部20万精兵，离京西上。石达开为了表明自己的忠心，他一路上张贴布告表明"吾当远征报国，待异日功成归林，以表愚忠耳"。石达开的出走使得太平天国一时出现了"国中无人"、"朝中无将"的危险局面。清军乘机反扑，太平天国的大好形势毁于一旦，大片的根据地都被清军攻陷。这时的洪秀全又想到了石达开，多次派人送信给石达开，想让他率军赶回天京。但伤透了心的石达开说什么也不肯再回去了。

石达开率领十几万大军，离开皖、赣根据地，转战浙江、福建等地，多次攻城都没有成功。此后石达开又率军折入湖南，打算经湖南回师广西，打回老家贵县去。1859年7月，石达开攻占灵川县，开始向桂林挺进，不料在甘棠渡遭到曾国藩湘军的伏击，太平军损失惨重，阵亡一万多人。这一战之后，石达开的部队陷入了没有根据地，缺草少粮，士气低落的危险之中。湘军统帅曾国藩也看出了这一点，高兴地说，"既钝于浙，钝于闽，入湘后又钝于永祁，钝于宝庆，裹胁这人愿从者渐少，且无老巢以为粮台，粮米须掳，子药须搬，行且自疲于山谷之间"。"气散而不整，迥不似石往年情形。"由此，也加紧了对石达开所率军队的围攻。石达开走投无路，只好退守到长蛇岭，进而转战四川，结果被湘军大败。同年秋天，石达开重整队伍，在川南、黔北等地转战年余，结果屡战受挫。最后在四川的大渡河畔陷入清军的重重包围之中，进退无路，陷于绝境。石达开多次率军突围都没有成功。

后来清军派人前来劝降，说只要石达开投降，就可以保证太平军的几万将士的性命无忧。石达开为保住几万部众的性命，于6月13日带了自己5岁的儿子石定忠前去清营谈判。希望清军统帅骆秉章、唐友耕辈能"依书赴奏，请主宏施大度，胞与为怀，格外原情，宥我将士，请免诛戮，禁无欺凌，按官授职，量材擢用，愿为民者散为民，愿为军者聚为军"。结果在洗马姑被清军诱捕，全军将士也在被骗缴械后惨遭屠戮。

6月25日石达开被解到成都。清军统帅骆秉章一见石达开，就问他："你投降吗？"石达开凛然地回答道："我来是乞死的，也是为我的部众请命的，当下只求一死了。"6月27日，骆秉章等人在总督府会审石达开，石达开还冷笑道："是俗所谓成则为王，败则为寇，今生你杀我，安知来生我不杀汝耶？"然后便大义凛然，自赴刑场。为了杀一儆百，清廷判石达开等人以凌迟处死。据说，石达开"临刑之际，神色怡然"。"自就绑至刑场，均神气湛然，无一毫畏缩态。且系以凌迟极刑处死，至死亦均默默无声，真奇男子也！"这些记录都出自于清军将领之手，他们的记录尚且如此，可见石达开果真是一条硬汉子。

石达开的遭遇是一个历史的悲剧。有人说石达开没有死，当年前往清营与清军谈判的人不是石达开，而是与他相貌酷似的养子，当时他之所以要带上5岁的石定忠就是为了让清军相信自己就是石达开。石达开在清军开始进攻之时，便带领几个心腹化装趁乱逃出了包围圈。据说，后来还有人曾经见过在四川隐居的石达开。

还有一种说法是，石达开率众突围之后，带着自己的余部和大量的珠宝逃到了贵州与广西交界的丛山之中。见这里群山延绵，是个藏兵驻军以图东山再起的好地方。便在这里修筑了一座山寨，将珠宝埋在山寨中的一个山洞中以作为自己有朝一日东山再起的资金。但是由于此后不几年，南京也被清军攻破，洪秀全病逝，太平天国从此彻底失败。隐居在此的石达开随着年岁的增大，也逐渐失去了东山再起的信心。最后，他和他埋下的珠宝一样都成为近代历史上的一个难解的谜。

石达开与四姑娘之谜

　　四姑娘是桂阳韩氏女儿，名唤宝英。她父亲是一个老贡生（国子监肄业的称为贡生）。宝英天生聪慧，3岁时父亲教她唐诗就能朗朗上口，七岁就能懂得吟咏诗词，家乡人称她为女神童。14岁时，洪秀全、杨秀清起兵，汀、桂两省之间变成了战场。两军以外，又有无数土匪也乘机闹事，致使百姓流离失所，遭受荼毒之苦。韩氏一家仓皇出走，不幸遇上土匪，都被乱兵杀死，宝英藏在草丛中也被抓住。将要被迫带走时，翼王的军队赶到，乱兵赶紧丢下她逃走。宝英在翼王石达开马前叩头，慷慨陈述家中遭难，声泪俱下，并详细叙述土匪根底，请求翼王为百姓剿除，使乡中太平。翼王大受感动，派副将率领一行人埋伏在土匪出没的山中，将其全部捕获，让宝英亲自辨认杀死她父母的仇人，然后杀了他们来祭奠遇难的亲人。同时又派人置办棺木，殡殓宝英的父母兄嫂，用300人充任土工，半天的时间建成坟墓。宝英感激翼王石达开的恩德，情愿以身相许，侍奉翼王。翼王不答应，说道："我是个军人，起兵是为伸张正义，如果自己带头违反，所属部下必定会有以此为借口干坏事的，这是不能两全其美的。这样吧，父女相称，留在军中，等到日后为你物色一位丈夫，可以吗？"宝英点头答应了，于是宝英成了翼王的义女，且排行第四，所以人称四姑娘。

　　四姑娘为王掌管文告，才思敏捷无人可比。每当军务纷繁错杂之时，四姑娘坐在中间，靠着案子，运用三寸不烂之舌，如风卷残云。左右有小几两个，每几有一个书生伺候着。四姑娘手里写着，口里向左右书生授意着，三篇公文同时写成，顷刻之间下笔千言，文章不用加点。翼王石达开平时很自夸文章写得好，至此也深叹不如四姑娘。

　　翼王石达开在天京（即南京）与当权者不和而出走，家眷都不能跟随，唯独四姑娘因掌管军中文书所以能随从。结果翼王家属都遭到韦昌辉的血洗，只有四姑娘幸免一死。上饶马监生穷困潦倒，投奔翼王军中，为人极其诚实淳朴，但除会写小楷以外无别的长处，只有相貌长得极像翼王，不观察他们的气质辨别不出真假来。四姑娘一天告诉翼王说愿嫁给马生。翼王笑着说：“这是一个迂腐的儒生，为何欣赏他呢？我军中不少文武才士，由于前段军务繁忙，没顾上议论婚嫁的问题，为什么不早说呢？想要选择夫婿有什么难的，而必须选这个人呢？”四姑娘说：“父亲这么说，但孩儿自有意中人，父亲他日或许会明白的。”翼王也就不再盘问，随即将四姑娘嫁给马生。马生开始时绝对没有想到，这时除惊喜之外，没别的话可说。夫妻二人仍然为翼王管理军中文书，一如既往。一年多后，四姑娘生下一女。

　　翼王将要进入蜀地，贿赂当地土司好作为声援。四姑娘得知后劝说道：“少数民族人性情反复不定，恐怕靠不住。而且蜀道艰险，进退都不容易，三国人钟会、邓艾的功劳，不可以侥幸。”翼王石达开说：“这事我也知道，只因长年用兵，胜败得失，从来没有一定的结局。近来天王对我猜疑已很深，而且君臣之间自相疑忌，恐怕不是好事。我以为跟着他们一块儿灭亡，不如别树一帜，以期一逞威风。我听说四川西部是藏身守卫的好去处，外面险要而内部丰腴，地盘广大而百姓胆小，我倘若占据它，也可以游刃有余啦！如今拼力急行军，路过城池也不攻打，不过一个月，炉雅的险要之处都归我所有了。敌兵虽然来了，怎能赶得及呢！”同在一起的众位将官也多有劝阻的，翼王都不听，于是进入四川。最初战斗很顺利，等进入险要之处时，土司果然违背协约，与翼王相持在紫打地。翼王所率领的部队，不熟悉路径，首尾被截断，翼王石达开还是奋力突围，取道老雅漩，随从的只剩下2000千人。清军会合土司军队三万人迅速包围上来，翼王估计抵挡不住，对四姑娘说：“不听你的话，现在果然被困！”将要自刎，左右人急忙拉住。四姑娘对马生说：“翼王平日厚待我们，现在你打算怎么办呢？难道到了今日还爱惜自己的身家性命吗？”马生正犹豫着，四姑娘又说：“唉！无用的奴才，还恋恋不舍老婆孩子吗？"当时手中正抱着女儿，立即把孩子摔到台阶下，"呱"一声，孩子头被摔碎。再看见四姑娘的刀子已刺进咽喉，还用尽最后一点力气说："快跟翼王换衣服！"马生这才明白过来，跟翼王进入帐后。一会儿，军中传闻："王已经率人投清去了！"其实，翼王石达开已同几个心腹，换上马生衣服逃走了。翼王逃走后，进入邛崃山中，打算收集余部以图东山再起。听说马生和军中健将数人都被清兵杀死，剩下的人溃散，不能再集中起来。翼王石达开叹道："事情失败了，如何是好！"青神山有个老和尚，年龄已90多岁，知道翼王石达开要来投奔，老僧在门前迎候。翼王对他事先就知道自己要来感到吃惊，与老僧谈话，十分投机。老僧说："清朝的气数还没有尽。再过一代后有神奇高人出现，汉人差不多就能夺回天下了！"翼王眼前的人，同时削发出家的共有五人，唯独宓某和刘某二人不出家。因老僧说宓某尚有俗缘未了，刘某日后当为大将，把白狄赶到塞外，劝翼王石达开把兵法传授给他。宓某就先走了，找到四姑娘与马生的残骸，葬在峨眉山。

当初，宓某离家投军时，未婚妻才十六七岁，宓某以为未婚妻不被掠也会死于战争。等他回到故乡，才知未婚妻仍然等着他而没嫁人，且已经45岁，宓某也48岁了，听家乡人讲述了未婚妻守贞节、明大体的义举，于是二人才成婚。刘某，竟然在南方又建立了事业。至此才知老僧的话果然不差。然而老僧却说翼王石达开是维摩佛所转世，四姑娘是散花的天女。这事成了民间无人能解但又流传甚广的谜案。

洪宣娇究竟是不是洪秀全的妹妹

说到太平天国的历史，人们往往联想到太平天国有一位女英雄洪宣娇，她是天王洪秀全的妹妹，西王萧朝贵的妻子。一些小说戏剧和歌谣说她在金田起义时"赞助帷幄，侦察官吏，出面劝助资财，人多乐从"。有首歌谣曰："妇女要学洪宣娇，会耍长矛能使刀；牛排岭前大摆阵，杀得清兵跌断腰。"还有什么"宣王姑智斗洋鬼"、"洪宣娇金鸡岭断敌"等故事。但也有人对她大加丑化，凌善清的《太平天国野史》把她说成是一盆"红颜祸水"，"私通东王"，"与傅善祥争风吃醋"，是"天京内讧"的导火线等。但是翻开太平天国自己的历史文献，很难找到一个完整的洪宣娇名字，更不用说她的历史了。继而引起了史学界的疑问：太平天国的历史上是否真有一个洪宣娇，许多关于她的历史故事又是从哪里来的？一些历史学家认为，洪宣娇尽管只是咀雪主人笔下所写的一位天国女英雄，但确有其人。理由是在太平天国本身文献《天父诗》第一〇八首中有"天父在平在山教导先娇姑"这么一句；还有萧朝贵被称为"帝婿"、"贵妹夫"，萧朝贵的妻子一定是洪秀全的妹妹洪宣娇了。如从《天父诗》第一〇八和一〇九等几首诗的内容看，这位"先娇姑"在金田起义前有点"任性"、"乱言"，受到"天父"的一顿斥责，甚至被"天父"授权洪秀全、杨秀清、萧朝贵等给予责打。那么这位爱闹的"先娇姑"是否就是洪宣娇呢？不能这样推论：第一，"先"同"宣"音同字不同；第二，没有说她姓洪；第三，没有说她就是萧朝贵的妻子。那么，萧朝贵的妻子是谁？

早在1854年太平天国起义不久，瑞典人韩山文在香港根据洪秀全的族弟洪仁玕的口述，用英文写了一本《洪秀全的异梦及广西乱事之始》的书，说萧朝贵的妻子名叫杨云娇，在丁酉年间曾患大病，躺在床上如死去，灵魂升到天上，见到了上帝，并接受了上帝的一番教导。可证萧朝贵的妻子叫杨云娇。太平天国文献《天父下凡诏书》中曾提到西王娘与杨云娇为姊妹，同是东王杨秀清的亲属，但是简又文翻译此书后认为杨云娇在金田起义前已经去世。后来，萧朝贵续娶了洪秀全

△ 石达开

的亲妹妹洪宣娇为妻子，并说在广东花县的《洪氏族谱》上见到了洪宣娇的名字。

可巧的是前几年有人到广西桂平县紫荆山调查太平天国史迹时，一些老人说洪宣娇不是洪秀全的亲妹妹，而是紫荆山内一户贫苦瑶民家的女儿，父亲被地主逼死后成了孤女，洪秀全怜她孤苦而认她为义妹，改名洪宣娇，后来与萧朝贵结婚。这段传说并无文字依据，却提供了思考的线索。

正当深入探讨洪宣娇是否真有其人的问题时，中国社会科学院近代史研究所王庆成1984年在英国剑桥大学图书馆发现了两件太平天国新史料——《天父圣旨》和《天兄圣旨》，巧的是《天父圣旨》上载有西王的妻子名字叫杨宣娇，同谢介鹤所说西王的妻子是杨宣娇不谋而合。那么韩山文为什么又说叫杨云娇呢？原来"云"和"宣"字在广东客家话中字音十分相近，洪仁玕向韩山文口述时，韩山文把它写成英文为Yang-Yun-Jian。简又文把它译回汉文时，Yun就成了"云"字，这是不足为怪的。再者《天父诗》中只说"先娇姑"，并没有说出姓，不能因萧朝贵是"贵妹夫"就可把"先娇姑"作为"洪宣娇"。那么据王庆成新发现的史料说明，传说中的洪宣娇就是太平天国史上的杨宣娇，而且这位杨宣娇在太平天国起义前曾称作"天父的第六女"，又因为她是杨秀清的妹妹，同萧朝贵结了婚，萧朝贵才改称为"帝婿"和"贵妹夫"。她在平在山那次受到"天父"的斥责，不准她再"乱言题"，说明了洪秀全只承认杨秀清和萧朝贵两人代天父、天兄传言，不准别人代"天"传言的一次行动。

由此看来，洪宣娇的真面目越来越清楚了！然而，她是否洪秀全的妹妹，为什么会有关于洪宣娇的种种传说？还需进一步探讨。

太平天国有过女状元吗

稍知太平天国历史的人都熟悉傅善祥这个名字，因为凡论及太平天国妇女政策的文章，都无一例外地把她作为太平天国妇女解放的人物加以歌颂，称其为太平天国的"女状元"。然而有趣的是，太平天国是否开设过"女科"这个问题却仍然是当今史学界悬而未决的一桩公案。

人们最早从史料中看到太平天国开女科事，是汪坤的《盾鼻随闻录》及沈懋良的《江南春梦庵笔记》。

沈懋良《江南春梦庵笔记》写道："（太平天国）癸丑尝设女科，以傅善祥、钟秀英、林丽花为鼎甲。……发女榜后，俱入女宫，隔数日发还，并传其文谢恩，人咸悔之，故甲寅岁无一应者矣。"

胡恩燮《患难一家言》及谢介鹤《金陵癸甲纪事略》的发现，为太平天国曾经开过"女科"又提供了新的佐证。

在《患难一家言》中，他说："朱慧仙，武昌女子，美秀而文，以行称，贼中呼为朱九妹，由武昌掠至金陵，为粤西少妇所左右，少妇充伪女官者也。会贼令女官举女子应试，粤西妇匿不报，为他女官所告，杨逆乃磔粤西归，而没九妹入伪宫治疱，九妹置毒食中以进，事觉，杨逆不食，穷究九妹所为，答死。"综合一些史料来看，太平天国是开过女科的。就凭这一点，就可以看出这次农民革命的先进性来，它们后来的妇女解放提供了思想和文化根源。

洪秀全儿子的下落之谜

在太平天国的王朝中，小孩洪天贵福也被荒唐的封为了天王，这在中国封建史上是绝无仅有的。幼天王洪天贵福（初名天贵，后加"福"字）是洪秀全的儿子。

1864年7月，太平天国都城天京失陷，洪天贵福在忠王李秀成等护卫下，冲破重重围困，突破浙江湖州，以后3个月里东奔西走，力求摆脱敌军追击；同年10月，在江西石城荒谷里被俘，不久在南昌遇害。

可是由于近代历史的复杂，对于洪天贵福是否被杀一事，也有人对沈葆桢的奏折有所怀疑。在洪天贵福被害后，就有人对他未经朝廷典刑，就匆匆被杀提出质疑，怀疑这个被俘的幼天王是假的，是个预设的替死鬼，"盖即所俘小儿中之一人，而以洪福之名号加之耳。"（《洪福异闻》）并质疑如下：

其一，洪天贵福自天京突围至浙江湖州后，"其踪迹遂杳，或死或潜匿，无人能知者"。

其二，在于王洪仁玕、昭王黄文英等在江西广昌被俘后的第17天，所谓幼天王者，始在石城荒谷里寻获，"诸俘皆称为果幼主，果者，疑词也。"以为在这么多天里，清军几万将士仔细匿藏，所谓"军中探谍广布，幼主经过，何称行踪得之于小儿之口，其情显然矣"。

其三，沈葆桢所奏，漏洞百出，所谓幼天王供词，"支离掩抑，欲盖弥彰，十余人皆缚而一人独免，饥饿4日不死，托之于白衣人之授饼而不见，可谓渺茫；且洪仁玕等后死于幼主者五日，欲辨真伪，自可聚之同堂，而秘密钩稽，则实状自见"。

其四，沈葆桢为搪塞和冒功，他在俘获幼天王左右近侍，虽然是"通检所俘10余岁孩童与所供状貌均不相符"。（《沈葆桢政书》）但却清楚地得悉"至洪逆洪福填或称死于乱军，或称自经山僻"，无论如何"幼主之不能复为出现，诸将辛劳跋涉，无以自慰"，"恐更于朝廷诰责，于是授意囚俘，于不知谁何处所俘小儿之中，任择一人而强名为洪福，更取年仅4岁不知人事之李其祥（按，李秀成幼子）伴附之，聊以证实"。

其五，沈葆桢老于世故，敢于作伪，他是利用北京王朝迫切要宣扬中兴、粉饰太平的虚荣心理，"盖不如此，粤事不能称为结束，恐捕寇更伪挟为名，而后患永无已时"。

其六，北京朝廷对沈葆桢的弄虚作假并非不清楚，"朝廷亦微知之"，但从权衡利弊也就默认了，而在赏赐上表示了自己的态度。主持江西军务的沈葆桢，在指挥镇压十余万湖州突围的太平军，是立有"大功"的，但封爵低下，乃一轻车都尉而已；直接追击湖州突围的太平军搜获洪天贵福的记名，按察使席宝田仅得云骑尉封爵，比沈葆桢更低一等。沈葆桢心里有虚，恳请辞职。因而《洪福异闻》撰写者称，"且请收回成命，并欲去赣归养，其故正可思也"。

清末有个从美国归来的福建人杨某说，洪天贵福是湖州城陷前夕，由辅王杨辅清保护，"卒达上海而至美洲，"（《清朝野史》）"以存天王一线之胤，而为他日恢复之渐"。可是，杨辅清从来没有出国。他在湖州失陷时，"由湖州乘船逃至上海，后曾潜回原籍，并至贵州、广东、湖南、安徽等地"。对此又有人说，与洪天贵福同出国的是洪仁玕的外国朋友，"仁玕有一西友，即前导之游美者，尚在左右，金石之交也。仁玕以福填属之，资以财贿，涕泣而别"。（《清稗类钞》）洪仁玕确有外国朋友，但他并没有游历美国。

幼天王的归宿到底是怎样的？恐怕只有他本人知道吧！相信史学家们终究会解开谜底。

小刀会起源于何时何地

　　小刀会是以农民和手工业者为主体的秘密团体。它起于何时，源于何地，至今众说不一。

　　一说，1884年至1850年间，华侨江源、陈正成等在归国时购洋小刀数百，遍赠同类，在福建厦门创建小刀会，又名双刀会。小刀会成立后，陆续在广州、上海、宁波等地发展组织。

　　事实上，当时清朝闽浙总督裕泰即持上述看法。裕泰在《为拿获泉漳会匪现已逐一审明按例定拟斩》中称，小刀会乃为福建华侨所创，创建地点在厦门，时间在1849年或1850年。

　　方诗铭先生认为，起于1849年至1850年的小刀会，其实并不是小刀会的真正源流，而是小刀会的第二代。他说："认为'小刀会'起于1849年至1850年，如果是指第二代，那还是正确的。"

　　如是说，小刀会的第一代起源于何时何地呢？

　　台湾学者卢耀华先生撰《上海小刀会的源流》提出："早在乾隆四十七年（1782年），台湾已有小刀会的名目。"卢先生认为台湾是小刀会的发源地，时间则比简先生的说法提早了60余年。卢先生这种说法的主要依据是《清高宗实录》。

　　1802年，台湾小刀会复起。《清仁宗实录》记载："台湾地方每有结会煽惑之事，今该犯自启等胆敢复结小刀会。"《清高宗实录》与《清仁宗实录》均证实早在乾隆年间，台湾便出现了民间秘密组织——小刀会。

　　方诗铭先生认为，福建台湾府不是小刀会的发源地。第一代小刀会起于乾隆七年（1742年），地点在福建漳浦县。小刀会传到台湾府实际上是后来的事。

据《乾隆七年闽浙总督那苏图奏》与《乾隆七年两广总督庆复奏》（见《康雍乾时期城乡人民反抗斗争资料》）称，时汀漳道陈树萱奉命调查小刀会起因，经多方查探后，最后确认小刀会主要流传于福建漳浦县云霄一带地方，清政府并派员从云霄一张姓家中搜获了小刀会成员的标志——两面有锋的小刀。

另一种说法认为，小刀会源于广东。黄本铨《枭林小史》说："小刀会多广东潮（州）嘉（应）人，广中向有斯会。"小刀会中多广东人确是事实，然广东小刀会起于何时，《枭林小中》未记。

关于上海小刀会的起源，说法也各异。

一说，"上海小刀会创始于1849年，首领为刘丽川和周立春"。

一说，"是由广东小刀会承袭而来"，广东香山人刘丽川为上海小刀会的创始人，时间在1849年至1851年之间。

一说，上海小刀会由福建传入。1849年至1850年，小刀会在厦门重建，旋传入上海。"上海小刀会是从福建传到上海来的，属于天地会的支派之一"。上海小刀会的创始人叫李仙云，他的公开身份是兴安泉漳会馆董事。

一说，上海小刀会是七党的联合。《太平天国全史》记："及至太平天国兴起，党会益盛。上海的闽、浙、广三帮以及土著，也都结集会党，据说共有七党之多。闽、广分为五党。宁波、上海各为一党，七党的联合便成为小刀会。"

众说纷纭，莫衷一是，对于小刀会起源于何时，流行多个版本。

义和团的前身是什么

义和团原来叫义和拳。1899年夏，山东巡抚毓贤出示，改义和拳为主和团。10月，清政府公文中正式称之为义和团。1900年，直隶、山东等地义和拳普遍改称义和团。

义和团是怎么产生的，它的源流是什么？

通常的说法，认为义和团是白莲教的一个派别。范文澜说："义和拳是旧式农民起义的许多秘密结社的一种，它是白莲教的一个派别。"这种说法最早见于清末民初劳乃宣的《义和拳教门源流考》。

1899年，劳乃宣任直隶吴桥县知县。他在任时，严禁义和拳活动。同时，搜集清代禁止白莲教活动的文件辑成《义和拳教门源流考》。书中说："义和拳一门，乃白莲教之支流。"白莲教以"反清复明"为号召。嘉庆二年（1797年），白莲教大起义，清政府用了9年时间才镇压下去。劳乃宣将义和拳与白莲教等同，目的是要把义和拳作为邪教予以镇压，其用心是十分险恶的。

关于义和团的源流问题，劳、张二人出于不同的需要，说法不一。义和团的前身究竟是什么呢？

一说，它的前身是神拳。有人据乾隆三十年以后至光绪年间神拳系统流传演变的线索，考证义和团的前身乃是运练气功的神拳。神拳画符念咒、降神附体的一套做法与1900年间的义和团是一样的。

一说，它的前身是大刀会。《拳祸记》说："己亥春，山东清平县大刀会改称义和团。"《义和团闹教纪实》记："义和拳即向所谓红灯罩、金钟罩、铁布衫、大刀会是也。"

　　由于资料记载各异，关于义和团的前身，除认为是大刀会和神拳外，还有以下种种秘密结社或秘密宗教被认为是它的前身，如顺刀会、红拳会、虎尾鞭、大乘教、八卦教、离卦教、天理教、金丹教、好话教、如意门等。

　　《义和团运动史》一书的作者综合了以上各种说法，认为义和团兼有秘密结社和秘密宗教的性质，"是民间习武结社与白莲教相结合的组织"。

　　著者考证，乾隆四十年（1781），白莲教的一个支派改为义和拳。义和拳与梅花拳是一个拳种、两种称谓。义和拳在发展过程中与白莲教系统的秘密宗教广泛接触，吸收了一些宗教活动，如扶乩、附体等法术，这些法术是白莲教系统秘密宗教所特有的。同时义和拳吸收了大刀会等民间团体的成分，梅花拳吸收了红拳等民间团体的成分。1900年，一些民间结社与秘密宗教纷纷以义和团的名义出现，与义和拳合流，参加了中国近代史上空前的反帝爱国运动。

　　有的学者提出，义和团的前身极为复杂，应该将义和团放在中国农民运动和秘密结社相结合这一历史长河中进行考察。

　　关于义和团的渊源，可以一直上溯到东汉的五斗米道。五斗米道在发展过程中杂合了佛教、道教、摩尼教等，南宋时定型为白莲教，到明清时期，秘密宗教的名称出现了数百种，但万变不离其宗，均是白莲教的各个支派。

　　关于义和团的近源，一般认为可以上溯到乾隆间王伦的清水教或潮玎的八卦教。

　　义和团以"扶清灭洋"为口号，"一以号召人民，一以抵塞官府，用自别于白莲、天门诸教"。义和团不仅以口号为标榜区别于白莲教，有时竟以纸人纸马等指证对方为白莲教，致对方招清政府残酷镇压。如此一来，义和团与白莲教究竟是什么关系，又使人如坠五里雾中了。

　　义和团运动时期，一个以农民为主体的、具有广泛群众基础的反帝爱国运动遍及中原大地。一人登高百人和，一时间从者如归，许多秘密结社与秘密团体加入了义和团的行列。义和团的组织千头万绪，它的前身自然错综复杂，加以资料记载零星散乱、自相矛盾，难怪使人觉得它有点神秘莫测了。

什么是"清末四大奇案"

　　清末四大奇案，除了"杨乃武与小白菜"、"张汶祥刺马"两案，其余两案就鲜为人知了，它们始终没有一个相同的答案。"清末四大奇案"较早见到记载的乃清末佚名笔记《十叶野闻》，书中在介绍光绪末年京师（北京）某大案审理时，提出了在此前时不久所处理的"人所共知""四大奇案"名称，即：逆仆包祥弑主李毓昌、木工妇杀夫、涿州冤狱和杨乃武案。四案都是民间冤案，反映了封建社会贪赃枉法，官官相护。此类案件见诸彼时可说是似过江之鲫，四案除杨乃武案牵涉面广，其余情事仍属于平平，延续时月亦短，影响也小。

　　民国初年，杨乃武被搬上舞台，还冠以"清末四大奇案"之一；不久，意在反动的"张汶祥刺马"也搬上舞台，和前者同被称为"清末四大奇案"之一。这两个"奇案"很快便风行海内，且多有专书，拍成电影，编为弹词和小说。其中张汶祥刺马故事，还好事者写进《洪杨豪侠传》、《江湖奇侠传》等书，靠着舞台形象化艺术和小说感染，这两个《奇案》不胫而走，成为民初以来人们街谈巷议的题材。可是谁也没有谈起，或者确实不清楚与之并列的另两个"奇案"，究竟是什么名称！

　　20世纪30年代末期，无锡人张瑞初《西神遗事》记有西太后当国时之四大狱。他说除了杨乃武案和张汶祥刺马案，另外两案是"换肋骨"和"告忤逆"，"系笔者幼年曾闻父老讲述，至今犹盘于脑际"。此中所谓"换肋骨案"系南京三牌楼发生的哨官李某踢死工人，事后工人妻为夫申冤，通过层层难关终于请得圣旨查案，并将偷换伤骨事的始末查明；"告忤逆案"系湖北武昌某少年因口角误伤其母，被定为忤逆凌迟处死，且连及地方官员多人。此两案和杨乃武案都有相似处，那就是最后由西太后亲自过问并定案终判，由于她故作姿态，表现得分外热心，并将案件披露全国，因此影响也大。《西神遗事》把它们排列在一起，定之为"四大案"那是顺理成章的一种说法。

但近年对"清末四大奇案"又有两种说法：台湾版《清末四大奇案》（赵雅书）曾"刻意查证"，但是他呕尽心力，最后只是汇集6篇文章"均是昔年查征四大奇案时的习作，姑聊为一谈"。这些案件，除作者称为"刑名案件，但都带有浓厚政治色彩"的"张汶祥刺马"和"杨乃武案"，另外罗列两案是科场案"清代大狱戊午科场舞弊"，经济犯罪案"咸丰户部宝钞处贪污舞弊案"。他是从咸丰、同治、光绪三朝的政局和司法审判，定为"四大奇案"的。但作者较为谨慎，他并未武断。

1985年出版的周楞伽《清末四大奇案》在出版说明中把四大案称之为"慈禧垂帘听政的清朝末年，即同治、光绪之交曾发生四起案件：张汶祥刺马案；杨月楼诱拐卷逃案；杨乃武与小白菜案；杀子报案，俗称清末四大奇案"。据称，这些案件流传较广，还由于"至清末民初，适应资产阶级反封建的民主革命的要求，一度形成竞演类似的时事新剧的高潮"（除杨月楼案因梨园行中回护）。其实，上述所有"奇案"，除了"张汶祥刺马"，有涉及中外政事各种复杂情事暂作别论外，其余包括"杨乃武和小白菜"在内的各"奇案"仍属于封建社会层出不穷的民事案件。从案例本身而言并非复杂、曲折，若非地方官颟顸早已结案成卷，但为什么彼时却闹得满城风雨，它无非是与当时政局有关。

其实，所谓"四大奇案"并无固定说法，而诸说不同，这只能说明可以列为"奇案"的决不仅此而已；在漫漫长夜的封建社会，此类"奇案"难道还能少吗？

杨乃武与小白菜之谜

这是清末四大奇案之一，流传至今仍然耐人寻味。

清朝同治、光绪年间的浙江省余杭县仓前镇，塘河穿镇而过，镇上川流不息的人群忙碌着、招呼着。镇上有一家豆腐店，店主姓葛，因排行第一，人称葛大，娶妻喻氏，生下一子，名唤品连，人称葛小大。后来葛大病死，豆腐店不开了，品连就到余杭一个豆腐作坊当伙计。母亲葛喻氏改嫁给一个名叫沈体仁的木匠，故又称沈喻氏。同治十年（1871），沈喻氏托品连的干娘冯许氏做媒，聘毕秀姑为品连之妻，这一年秀姑17岁。

毕秀姑也是浙江余杭人，因为平时喜欢穿一件绿色的衣服，系一条白色围裙，人又清秀，街坊给她起了个绰号叫"小白菜"。她幼年丧父，母亲王氏改嫁给了一个叫喻敬天的小贩。到了喻家以后，她虽然聪明能干但是继父并不喜欢她，经常遭到市井无赖的调戏侮辱。

小白菜嫁给葛品连以后，因丈夫长得像《水浒传》中的武大郎，而她貌美如潘金莲，人们又叫她"毕金莲"；又因丈夫是做豆腐的，也有人叫她"豆腐西施"。

葛品连与小白菜定亲后，家里的房子不够住，于同治十一年（1872）三月暂时在喻敬天家成亲。喻敬天家房屋狭窄，久居不便，于是葛品连夫妇打算在外面另租房屋。恰好这时县城内澄清巷口西首有一户姓杨的人家请沈体仁修房子，房屋修好，除了自居以外还有一间空屋子。葛品连便托沈体仁向杨家承租，月租1000文。

这户姓杨的人家世代居住在浙江余杭县，以养蚕种桑为业，家境小康。主人杨乃武，字书勋，又字子钊，排行老二，人们都称他杨二先生。20多岁考取了秀才，30出头又中了举人，令街坊邻里羡慕不已。杨乃武有个姐姐叫杨菊贞（淑英），出嫁不久丈夫就去世了，青年守寡，便住在娘家。杨乃武在襁褓之中，便由姐姐照看，因而姐弟感情深厚，如同母子。后来杨乃武娶了城中詹家的女儿詹彩凤为妻，詹家在城中也是家小乡绅。詹彩凤是一位勤劳节俭、善良贤惠的妇女，种桑、种地、养蚕，终日劳碌。杨乃武性情耿直，平日看到地方上不平之事，总是好管多说，伸张正义，又常把官绅勾结、欺压百姓等事编成歌谣，对官府见不得人的弊端进行了大胆的揭露与辛辣的嘲讽。对于官府来说，杨乃武是一个"刺儿头"式的人物，有一支厉害的笔，又有举人的头衔，因此本来就与杨结仇的县官刘锡彤对其更加痛恨，一直伺机报复。

刘锡彤原先只是余杭县城外一处关卡的九品小税吏，掌管着来往商客的船只课税之权，对老百姓的正当买卖也是敲诈勒索，无恶不作，引起了当时还是秀才的杨乃武的愤恨，早就打算为乡亲们出口气了。正巧当地修桥铺路，需要派人到杭州府去采购基建材料。杨乃武急公好义，即自告奋勇到杭州府去走一趟，顺便拜谒在杭州任知府的老师。杨乃武到杭州府购置建材装完船只后，乘拜望老师之机，请知府出一份免税的公文，用以对付刘锡彤。杨乃武押运货船回到余杭关卡时，既不对查税的税吏讲明船上是为公益之用的建材，也不出示杭州府免税的公文，却佯称自己是商船，暂将货船停泊抵押，自己回去取税银。杨乃武在再去杭州府的途中，悄悄将杭州府发的免税公文拿出来用双手拧成两截，一截立即销毁，另一截揉揣在怀里去见自己的老师。他诬称"刘锡彤扣船敲诈，见了免税的公文欲夺取撕掉，幸亏自己抢得快，才抢到这半截"，说完从怀里取出剩下的公文呈给知府过目。知府看后大怒，认为有州府免税公文证明杨乃武是为公益办事，刘锡彤竟然也要敲诈勒索，立即发一火签，将刘锡彤的税吏免职。这位九品官还不知道怎么回事，自己的红顶子就被摘掉了。后来得知是当地的杨秀才从中捣鬼，刘锡彤恨得咬牙切齿，发誓要报仇雪恨。他到北京花了五千两银子，捐到了余杭县县官的职位，从此对余杭百姓更加横征暴敛，疯狂剥削。仓前镇是漕米集中的地方，百姓完粮，陋规极多。交银子有火耗，交粮米有折耗，量米的时候还要用脚踢三脚。受欺负的都是些中小粮户，他们叫苦连天。于是，杨乃武代他们交粮米，又代他们写状子，向衙门陈诉粮胥克扣浮收，请求官府剔除钱粮积弊，减轻粮户额外负担。仓前镇收粮官何春芳反咬杨乃武一口，说他鼓动农民抗粮不交，代农民包交漕米，从中渔利。县官刘锡彤立即传杨来讯问。杨据理力争，刘理亏，便说他吵闹公堂，目无王法，将他驱逐出去，而钱粮之舞弊如故。杨乃武愤愤不平，于夜间在县衙的墙上贴上一副对子："大清双王法，浙省两抚台。"因为清朝明令禁止量米时用脚踢，抚台也有布告，溢出的米准许粮户扫取，但是余杭县却仍旧不改。经历这件事，刘锡彤恨不得将杨乃武碎尸万段。不久，报仇的机会终于来了……

葛品连向杨乃武家承租了住房，于同治十一年（1872）四月二十四日与小白菜搬入居住。葛品连每天半夜要起床做豆腐，因此常常住在豆腐作坊里，十天半月回家一次。杨乃武夫妇见小白菜聪明伶俐，性情温顺，都很喜欢她。因为葛品连经常不在家，詹氏常叫小白菜到家里与杨家人一起吃饭。小白菜也常请杨乃武教她识字念经，两家相处很融洽。小白菜从前经常遭到市井无赖的欺侮，自从搬到杨家后那些无赖再也不敢来了，因为杨乃武见到他们是要骂的。那些地痞便制造谣言说"羊吃白菜"。谣言传到了葛品连耳里，他渐渐起了疑心。于是有几个夜晚，他潜回家里，在屋檐下偷听，除了听见杨乃武教小白菜读经卷以外并没有听见任何私情。接着葛品连将谣言和偷听情形，告诉了母亲沈喻氏。沈喻氏来杨乃武家时，也看到过小白菜和杨乃武夫妇及杨菊贞同桌吃饭，听品连这么一说，心里不禁也有些怀疑。沈喻氏原是个糊涂人，竟然愚蠢地和邻舍谈起这事，于是街闾遍传，流言就更多了，而杨家人还蒙在鼓里。

一天，葛品连回到家中，杨乃武向他讨取房租，因房租已经欠了几个月了。葛没有钱便向沈喻氏商借，沈喻氏说外面闲言很多，为了避嫌，最好另行租房居住。于是同治十二年（1873）闰六月，葛品连与小白菜移居到太平弄口谕敬天表弟王心培家。搬到王心培家以后，小白菜又经常受到外人欺侮。

县衙门有个捕役名叫阮德，他有个姐姐叫阮桂金，已经嫁过三个男人，与粮胥何春芳有染。县官刘锡彤有个儿子叫刘子翰，是个花花公子，经常与何春芳在一起冶游，素知小白菜美而艳，垂涎欲滴已久，于是和一个同他相好的佣妇计谋把小白菜搞到手。一天，佣妇以他事诱骗小白菜到她家，小白菜到达时刘子翰已在那里恭候多时，见到小白菜容貌分外俏丽，色胆包天，便将小白菜强暴了。小白菜心中无比痛恨，却又畏惧刘子翰的权势，又害怕事情败露后丈夫不能原谅自己，因此一肚子苦水不敢声张。然而恶毒的佣妇却将此事泄露给阮桂金，阮桂金又告诉了何春芳。何春芳早就想染指小白菜，于是于八月二十四日潜入葛家，正好王心培夫妇不在家，何春芳便以刘子翰之事相要挟企图强暴小白菜。两人正在厮打之时，葛品连从外面进来，小白菜哭泣不止。葛品连大骂何春芳，何春芳灰溜溜地走了。葛品连即责骂小白菜，认为在杨家的时候已有谣言，现在又发生这样的事，怀疑小白菜行为不端。从这以后，葛品连对小白菜经常非打即骂。有一次，葛品连让小白菜腌菜，晚上回家的时候看到还没有腌，立即将小白菜痛打一顿，小白菜气得把头发剪掉，要去当尼姑。二人的母亲沈喻氏和喻王氏闻讯赶来，询问王心培，知道了吵闹的原因。小白菜的母亲气得直哭，说腌菜小事，何必这样痛打。葛品连的母亲也责骂他不该这样，葛品连说是打她一顿出出气。经劝解后，二人和好如初。

十月初七日，葛品连突然身发寒热，双膝红肿。小白菜见他有流火症状，劝他请个替工，休息两天。葛品连不听，仍然到豆腐作坊上工。初九日早晨，葛品连身体支持不住了，便往家走，路过点心店，买了几个粉团边走边吃，走到学宫化字炉前竟呕吐不止。回到家时已两手抱肩，发寒发抖，呻吟不绝。小白菜连忙扶他上楼，给他脱掉外衣，盖上两床被子。问他病情，说是初七日到作坊去，两天来身体总是忽冷忽热的，恐怕是疾发气弱，让小白菜拿1000文钱托喻敬天代买东洋参和桂圆。买来后，小白菜煎成汤给他服下，并请王心培的妻子去告知喻王氏。喻王氏赶来时，葛品连仍然卧床发抖，时欲呕吐，她照料了半天便回家去了。下午，小白菜见葛品连喉中痰响，口吐白沫，问他怎么样，他已不能说话。小白菜急得喊叫出来，王心培闻声上楼，小白菜告知情由，王心培马上去叫沈喻氏和喻王氏。二人赶到时，葛品连已经不能张口了，急忙把医生找来，说是痧症，用万年青萝卜籽煎汤灌救无效，气绝身亡。家人悲痛欲绝，为葛品连换了衣裳，尸体正常，并无异样，当时都没有什么怀疑。

刘锡彤取得了小白菜口供，真是乐得合不拢嘴，立即传讯杨乃武。杨家人听说葛品连被人毒死，正在诧异，县里来传，便随差人前去。杨乃武一到，刘锡彤便审问，叫他供出如何用毒药毒死葛品连。杨乃武怒斥刘锡彤凭空诬陷，刘锡彤出示了小白菜的口供，杨乃武坚决否认此事。因为杨乃武是新科举人，按律规定，必须先革功名才能用刑。十二日，刘锡彤即申请上司将杨乃武的功名革去。不等上面的批文下来，第二次审问时便立即动刑，一连审了数次，夹棍、火砖等刑都使用过了，杨乃武坚决不肯让刘锡彤得逞。杨乃武的堂弟杨恭治与詹氏的弟弟詹善政闻知后，以杨乃武初五日正在南乡岳父家里除灵为由赴县衙为杨乃武辩白。刘锡彤提案质讯，小白菜畏刑，仍然照前供说。刘锡彤认为案情已查明，便将情况详报上司。

刘锡彤自恃与现任知府陈鲁关系密切，认为上司批准即可定罪。陈鲁翻阅原供，见杨乃武并未承认，就命令把全案人犯案卷解府复审。十月二十日，杨乃武和小白菜、沈喻氏、喻王氏、詹氏以及其他有关人证都被解送到杭州。刘锡彤亲自到杭州打点，解送杭州的原供都作了篡改。死者口鼻流血改为七窍流血；银针未用皂角水擦洗改为已用皂角水擦洗；初五日给小白菜毒药改为初三日。陈鲁是军功出身，看不起读书人。他早听说杨乃武惯作谤诗，毁谤官府，认为杨乃武是个不守本分的人；仓前镇粮户闹粮的事，也知道是杨乃武为首，又有刘锡彤先入之言，所以此案一解到府即不容杨申辩，第一次审问便用刑逼供。小白菜因有供在先，不敢翻供。愚昧荒唐的沈喻氏听小白菜诬供毒药是杨乃武所给，竟然也改供说在葛品连死时，见死得可疑即盘问小白菜，小白菜说是杨乃武叫她下毒的。陈鲁并不追问沈喻氏，却用严刑逼问杨乃武，跪钉板、跪火砖、上夹棍，几次昏死过去。一连几堂，杨乃武熬刑不过，只得诬服，乱供曾到小白菜家给她毒药。陈鲁又问毒药从何而来，杨乃武说是前次到杭州回余杭路过仓前镇，花了40文钱买了一包砒霜，说是毒老鼠的。问他在哪个店里卖的，店主叫什么，杨乃武说在爱仁堂药铺，店主叫钱宝生。陈鲁取得杨乃武口供后，不传钱宝生对质，却叫刘锡彤于二十七日转回余杭传讯钱宝生，讯问他卖毒药经过。

钱宝生到县衙，刘锡彤问他卖砒霜经过，钱宝生说这个月并没有看见过杨乃武到仓前，更没有卖过砒霜，爱仁堂是个小药铺，从来不进砒霜。刘锡彤一再威逼利诱，钱宝生还是坚决否认此事，并说他的名字叫钱坦，从来没用过钱宝生这个名字。钱宝生的弟弟钱垲听说哥哥被捉到县衙，赶来打听内情，设法营救。他知道陈湖与刘锡彤很熟，就去恳求陈湖说情。陈湖私下里对钱垲说杨乃武供词中是买砒霜毒老鼠的。卖砒霜的药铺并不知道是毒人，所以承认下来，也没有什么罪，至多是杖责，不承认，反而有罪。如果承认，马上可以请县衙给一张无干的谕帖，这样就不会有拖累了。于是钱垲劝钱宝生承认，钱宝生听他们这样一说就答应了，当即在门房里出了一张卖砒霜的甘结（旧时交给官府的一种画押字据）。陈湖拿了甘结进去见刘锡彤，刘见取得了甘结，所以就给了钱宝生无干的谕帖。刘锡彤骗到了钱宝生的卖砒霜甘结后，即日赶到杭州府。陈鲁即根据供词及甘结定案，按律拟罪：葛毕氏凌迟处死，杨乃武斩立决。

陈鲁严刑逼供，草率结案的事情立即哄传全省。当时距离乡试结束不久，杨乃武就是这一年八月乡试时考取了第48名举人的，当时许多乡试没有考取的生员对考取的人本来就心怀嫉妒，听说新科举人中出了谋夫夺妻的凶案，都幸灾乐祸，奔走相告。还有出入官府的一些士绅幕客，杨乃武在谤诗里提到他们的，也都推波助澜，众口一词，说杨乃武是十恶不赦的大坏人，都以早日看到处斩为快！这时候，杨家一家五口，面对这样突如其来的惨祸，惊恐万状，家破人亡已在眼前。詹氏日夜啼哭，双目红肿。只有杨乃武的姐姐杨菊贞头脑非常清醒，她眼看相依为命的弟弟罹此奇冤，受刑诬服，悲愤之余，四处奔走，设法搭救弟弟一命。她来到杭州城隍山城隍庙请了一签，签上说："荷花开处事方明，春叶春花最有情。观人观我观自在，金风处处桂边生。"城隍山上的测字先生解释说还有救，到荷花开时冤情可以明白，桂花开时人就可以平安归来了。接着杨菊贞又去扶乩，乩坛也批了两句诗："若问归期在何日，待到孤山梅绽时。"这些本属无稽之谈，但是在当时迷信十分盛行的情况下，无疑对杨菊贞是一种莫大的鼓舞，增加了她为弟申冤的信心。

杨菊贞首先去找沈喻氏，得知她在县里和府里的口供不一致。接着又找到爱仁堂药铺老板钱宝生的母亲和伙计，都说杨乃武从没有向他们买过砒霜，这样她心里更有底了，冤情十分明显，她决定到臬司、藩司、抚台衙门告状。谁知官官相护，按察过了两堂，即认定原审无误，照原拟罪名详报巡抚定罪。当时浙江巡抚是杨昌浚，余杭县官刘锡彤就重贿其属下，结果以"无冤无滥"审结，按照杭州府原拟罪名判定，至此已铁案难翻，只要刑部回文一到就要立即执行了。杨乃武的亲属都认为没有生望了，只有杨菊贞不死心，入狱探监，与杨乃武商量，决定上京告御状。杨乃武自拟呈词，历述冤情以及各级官府严刑逼供屈打成招的经过。呈状写好后，由杨乃武的舅父姚贤瑞作"被告"，陪同进京，因为当时女人是不能递呈告状的。杨菊贞与杨乃武之妻詹氏和一双儿女，身背黄榜，历尽千辛万苦，走了两个月，到达北京，向都察院衙门提出了控诉。不料都察院问都不问，就将他们押解回浙江，仍交给巡抚杨昌浚审理，这次告御状算是失败了！杨菊贞仍不死心，誓死为弟洗冤，准备二次进京告状。她二次进京得到了当时非常著名的"红顶商人"胡雪岩的大力支持。这位胡雪岩先生曾在浙江巡抚王有龄、闽浙总督左宗棠的支持下，开钱庄、办洋务，后来又在杭州开设胡庆余堂药店。他有资金3000万，田地一万亩，用钱捐了个江西候补道的功名，成了有财有势的官商。他从小家境贫寒，又是学徒出身，所以对贫苦百姓生活比较关心。他为人乐善好施，仗义疏财。杨乃武冤案发生时，正在杭州筹办胡庆余堂药店的胡雪岩，是最早了解冤案内情的一个。胡雪岩有个西席（尊称授业之师或幕友为"西席")叫吴以同,与杨乃武是同学同年,知道杨乃武平日为人正直,这次获罪一定是有人陷害,他把杨菊贞上京告状及准备二次进京的情况告诉了胡雪岩,胡雪岩表示愿意资助。在吴以同的引荐下,杨菊贞拜见了胡雪岩,胡雪岩深表同情,不仅慷慨资助他们全家进京的路费,而且到京后所有用度也都包了下来,这已是同治十三年(1874)九月的事了。

就在杨菊贞准备二次进京告御状的时候,恰好有个浙江籍的京官、翰林院编修夏同善丁忧服阙后起复回京,胡雪岩为他饯行,由吴以同作陪。席间胡雪岩、吴以同向夏同善讲述了杨乃武冤案的曲折经过,并且请他在京设法帮助,夏答应相机进言,不料这件事成了日后杨乃武冤案平反的关键一环!

杨菊贞二次进京后,由夏同善引荐,遍叩了浙江籍在京官员30余人。夏同善与大学士翁同龢商量,得到了他的大力支持;夏同善还会同御史王昕亲自上疏,为杨乃武平反。于是朝廷派了礼部侍郎胡瑞澜为钦差,到浙江勘查此案。浙江巡抚杨昌浚得知胡瑞澜到了杭州,就威逼利诱,说此案已经反复审问多次,无偏无枉,不宜轻易改动,否则引起士林不满,地方官吏今后也难以办事了。同时又推荐宁波知府边葆城、嘉兴知府罗子森会同审理。边葆城是杨昌浚湖南老乡,又是刘锡彤的姻亲,因此在复审时,边葆城动以酷刑,日夜熬审。最后一堂把杨乃武的双腿夹折,对小白菜则十指拶脱,还用铜丝穿入乳头,惨不忍睹,就这样严刑拷打,钦差审结,仍然维持原判。这样一来,原审各级地方官吏如释重负,这批湖南帮的大小官员弹冠相庆,设席宴客,认为从此铁证如山,不会再有反复了。

而在京浙江籍人士对杨案主犯屡翻屡服,杨菊贞两次上京,认为必有曲折隐情。有些举人、生员和杨乃武的好朋友三十余人联名向都察院、刑部提出控告,揭露此案,县、府、按察、督抚、钦宪七审七决,都是严刑逼供,屈打成招,上下包庇,草菅人命,欺罔朝廷,要求提京彻底审讯,昭示天下,以释群疑。在京官员认为这件案子如果真是有冤情不得平反,不仅是杨乃武、小白菜两条人命的问题,而且是有关整个浙江读书人的面子问题。于是,夏同善、张家骧取得刑部侍郎袁保恒、大学士翁同龢等人的支持,向两宫太后陈诉冤情，要求将杨乃武、小白菜一案提京复审。最终杨乃武、小白菜案得以平反，与慈禧太后的直接干预有极大关系。

当初由大学士翁同龢向两宫面陈案情，就引起了慈禧太后的注意，她没有直接下达谕旨，而是通过刑部叫浙江巡抚杨昌浚亲自审问，但她同时派了御史王昕到浙江私访案情。对于此案是否提京复审，开始慈禧太后是犹豫的，她对地方官吏承办的要案也不愿轻易更改。但后来杨乃武冤狱的呼声越来越高，朝廷内外到处哄传，又加上官员不断上疏奏请提京勘查，慈禧太后终于下了决心："叫刑部彻底根究。"这样，江浙派官吏初步得到了主动权。

刑部大审，开棺验尸，认定葛品连并非中毒而死。刑部复审勘验情况奏知两宫，这时已将刘锡彤革职拿问。原审各级官员为什么审办不实，要刑部再彻底根究，于是又提犯证审问了两次。

在是否惩办各级办案官吏的问题上，江浙派与两湖派发生了激烈的争吵。以大学士翁同龢为首的江浙派力主惩办这些草营人命的贪官污吏；另一派以四川总督丁宝桢为首，附和的多是两湖籍官员，故称两湖派。他们认为不能为了区区两个平头百姓处理这么多官吏。由于这两派的争吵，刑部平反的奏疏，一直拖了两个月，迟迟不上，直到光绪三年（1877）二月十日，奏疏才上去，但是对于巡抚杨昌浚、钦差胡瑞澜并未提出参革，许多受贿、包庇等情弊也未提及，马虎了事，直到二月十六日以光绪帝名义下的平反谕旨才将二人革职。杨昌浚虽然革了职，刘锡彤虽然是充军到黑龙江，但对刘子翰却完全开脱了。其余承办此案的知府、知县，都只是革职了事，只字不提行贿受贿之事。

从杨乃武、小白菜一方来说，冤案昭雪无疑是莫大的幸事，而事实上他们只是民间的一个小案，在那个时代其实是不足为怪的。可是现在被渲染成爱情故事的案件背后隐藏着重大的政治斗争，难怪杨乃武在出狱后曾想去拜见救他一命的浙省大小官员，很多人并没有出面见他，毕竟参与这场斗争不光是为了一个杨乃武。参与对杨乃武审判的多是湖南籍官员，他们大多是左宗棠一手提拔的，在对渎职官吏的惩办上，朝廷也只采取了革职了事，而并没有量刑处罪，这就表明了这不是一个简单的刑事案件。

在这场无辜的冤案中，杨乃武几乎被折磨成了残废，刑部却说刑伤业已平复，并无伤筋折骨的情况。

经历了三年多的牢狱之灾以及各级官吏的残忍折磨，杨乃武虽死里逃生，家人团聚，但受此打击，人虽未亡而家已破，痛定思痛，实在是悲多欢少啊！从北京回家的路费仍然是胡雪岩资助的。

杨家人回到余杭县后，已是家产荡然，生活困难。杨乃武依靠亲友帮助，赎回了几亩桑地，以养蚕种桑为生。这时他虽然只有36岁，正当年富力强的有为之年，但经过这场灾难，棱角已被磨尽，心灰意冷，轻易不与外界交往，专心致志研究孵育蚕种。余杭盛产丝棉，行销全国。杨家世代养蚕，对育种有一定经验。过了三年，杨乃武所育蚕种名气就传开了，远近都来购买，他家的蚕种牌记是"风采牡丹，杨乃武记"。凡是杨家出卖的蚕种，都盖上了这个牌记。每到育种时，全家大小日夜忙碌，家里生活也日渐好转。杨乃武就是这样安静地度过了自己的后半生，直到1914年去世，终年74岁。

小白菜出狱后，回到余杭，万念俱灰，在南门外石门塘准提庵出家为尼，法名慧定。庵里没有香火，以养猪、养鸡为生。从此就在青灯古佛旁、晨钟暮鼓中了却残生，于1930年去世。她的墓塔建在余杭东门外的文昌阁旁，为了表白自己的清白和坦然，墓址选在河岸路旁。

黄兴何时改名

黄兴，原名轸，号杞园，字廑午，后来才改名兴，字克强，是辛亥革命时期与孙中山先生并称的资产阶级民主革命家，在推翻清王朝、建立民主共和国的斗争中，立下了不可磨灭的功勋，是中国近代史上一位叱咤风云的人物。

黄兴何时改名？关于这个问题，历来说法不一，主要有下面三种意见。

第一种说法：1904年华兴会长沙起义失败后，黄兴逃到上海时改名；第二种说法：长沙起义失败后亡命日本时改名；第三种

△ 黄兴

说法：1903年黄兴由日本归国抵达上海时就已经改名。第三说与前两种说法在时间上相距1年多。从现有的资料看，持1904年在上海改名说的人比较普遍。

周震鳞说"甲辰（1904年）失败后改名黄兴"，比较简单。而曹亚伯的回忆，就详细、具体得多。曹说，1940年长沙起义失败后，黄兴在长沙躲了一个多月，后由圣公会牧师黄吉亭送至汉口乘船赴上海，"黄牧师送至船

上，秘嘱：'至上海时，即来一电，只拍一个兴字，即知君平安无恙也。'于是黄兴之名自此定"。根据周震鳞、曹亚伯等人的回忆，后来国内学术界比较普遍地认为黄兴是在1904年长沙起义失败后改名的。如20世纪60年代常谊的《黄兴》就是沿此说：黄兴"临行时，朋友们嘱咐他到上海来一电报，以免在长沙的亲友挂念，并为保密起见，约定只署一个'兴'字。黄兴到上海后，就打了一个'兴'字的电报。从此以后，他就改名黄兴了"。《辛亥武昌首义人物传·黄兴》也有大致相同的叙述。总之，这种说法是较普遍和流行的。

第二种说法认为黄兴改名虽是在长沙起义失败后，但不是在上海，而是在日本，因而两说在时间上也有一定的差异。台湾学者吴相湘说：黄兴"1904年长沙举义不成东渡扶桑始改名兴，字克强，取'兴我中华，兴我民族，克服强暴，之意"。在日本改名说与第一种意见的不同点在于，前面的意见认为黄兴抵上海后致电黄吉亭报平安，因电文是一个"兴"字而从此改名兴，地点是上海。后面的意见认为是"东渡扶桑（日本）"后始改名，时间当然较前者要晚，且名字取意也不同。但都认为是在1904年华兴会长沙起义失败后改的名，这是上述两种意见比较接近的地方。

第三种意见是毛注青的《黄兴年谱》，持1903年改名说。毛说，黄兴1903年"五月三十一日，自东京启程回国，六月抵上海。……吴国光介绍见长沙吉祥巷圣公会会长黄吉亭，始易名黄兴"。毛注青的意见主要是根据上海圣彼得堂吴国光给黄吉亭的介绍书。黄兴从日本回到上海时，吴国光把他介绍给长沙黄吉亭，吴手书的介绍书写道："有敝友黄兴，号竞武，系湖南省长沙府善化县籍。数次到圣彼得堂守道，将要记名。此刻回府，望阁下收入登记为妙。"

上述三说孰是孰非，让新的史料和新的研究成果作结论吧。

同治帝死因谜案

　　同治帝载淳是咸丰皇帝与慈禧太后的独生子，生于咸丰六年（1856）。慈禧太后在生了载淳之后，由懿嫔升为懿妃，第二年又升为懿贵妃。1861年，英法联军进攻北京，咸丰帝带着慈禧母子仓皇逃往热河避暑山庄。咸丰帝到热河后不久，便因病而死。此时刚满6岁的载淳继承皇位，年号祺祥，尊生母叶赫那拉氏为"圣母皇太后"。载淳即位后不久，慈禧便发动了"辛酉政变"，除掉了咸丰临终时托孤辅政的八大臣，由自己垂帘听政，控制了国家大权，并改年号为"同治"。所以，载淳又被后人称为同治皇帝。同治帝在位十四年，他在位期间朝政完全处于慈禧太后的控制之下。载淳成人之后，慈禧太后本想归政于他，谁知这位短命的天子，亲政两年后就因病去世了，死的时候年仅19岁。关于同治皇帝的死因，在史学界一直存在较大的争论。正史的记载中，说同治皇帝是死于天花。但在民间的野史小说中却说同治帝是因为逛妓院，染上了花柳病而死。两种说法各执一词，争论不休。

　　近年来，有些学者根据替同治皇帝诊病的御医李德立、庄守和在《万岁爷进药用药底簿》中的对同治皇帝患病和诊疗过程的记载，推测同治帝确实是患天花而死。同治皇帝自十月三十日下午发病，到十二月初五夜病死，前后共经历了37天的时间。在这37天中，两位御医对同治帝的病情，所开的药方做了详细的记载。根据记载来看，同治皇帝发病时的症状主要是："脉息浮数而细。系风瘟闭束，阴气不足，不能外透之症。以致发热头眩，胸满烦闷，身酸腿软，皮肤发出疹形未透，有时气堵作厥。"为明显的天花症状，同时御医们当时所开的药是生地、元参、牛蒡子、芦根等配制的"益阴清解饮"。这些草药的主要作用是滋阴化毒，是治疗天花的必用之药。由此可见，同治皇帝是患了天花无疑。有人说，在当时的情况下天花也并非必死的绝症，平常百姓家出天花尚且都能照常活命。对于医药齐备，护理周到的皇帝来说，更不应该说是一种绝症。同治帝平时的身体很好，怎么会一出天花就死了呢？所以，人们仍然对同治帝死于天花有点怀疑。但从御医们所记的脉案来看，同治皇帝出天花之后在御医们的精心护理下，病情确实有了很大的好转，痘粒也开始表发。但是由于同治帝的内毒过盛，所发的痘粒中总是带有血丝，而且还伴有咽痛作呕，身颤口干，便秘溺赤。身体内部积郁的毒滞并没有完全表发出来，这属于中医上所说的发痘不顺利的情况。因此，御医们在后来的脉案中诊断为："由气血为毒滞锢所致，症界于险！"再加上载淳又"微感风凉"，"以致咳嗽鼻塞，心虚不寐；浸浆皮皱，似有停浆不靥之势"。由此同治帝的病情进一步加剧，情况越来越坏，并出现了许多并发症，同治帝开始全身浮肿，并出现大面积的溃烂。到了十一月十六日时，同治帝的病情急剧恶化，出现了"肾虚赤浊，余毒挟湿，袭入筋络。以致腰软重疼，微肿，不易转坐；腿病痉挛，屈而不伸……"体内的毒素已经开始侵入筋络，从中医上来说已经到了无药可救的地步。虽然御医们还是尽力的救治，但是在当时那种医学尚不发达的情况下，即使皇家御医使用的依然是传统的中草药，对于发病极快的天花来说，除了清热解毒之外并没有什么很好的办法。面对内外症并发的同治皇帝，御医们也是束手无策。从十一月十九日起，同治帝的病情开始急转直下。全身开始出现大片的溃烂，腰部溃烂成洞，脓血不止；痘痈遍身，肿疼难忍；面颊肿硬，牙浮口黏；口喷臭气，胸满肋胀；大便腥臭，小便赤短。后来，痘毒上亢，有增无减。而且腰部与臀部的溃烂已串联一起，溃口外小，而内溃很深很大。每日流出的脓汁多达一茶碗，并开始发起了高烧。可见，同治帝此时的病情已经到了必死无疑的地步。

此后，不久被天花病折磨了几个月的同治帝，因医治无效死亡。有关同治帝的病情，在他的老师、军机大臣翁同龢的日记中也有记载。在他的日记里写道："初八日……诸臣上前瞻仰，……伏见天颜偃卧向外，花极稠密，目光微露。……"在同治帝的头、面等处有许多灌浆饱满的痘粒。而且《翁同龢日记》中对御医们所开的方药也有所记载，同宫里的脉案上的记载基本一致。于此可见，同治帝也许确实是因为天花病而死。

但是由于天花和梅毒的病症有些类似，因此后人怀疑同治得的是梅毒而不是天花，曾经是慈禧太后的帖身丫鬟的女官德龄在自己所写的回忆录中，也对同治死于天花的说法提出了怀疑。

同时前面提到的给同治帝治病的御医李德立的后人写过一篇文章，说他的曾祖父曾口传说同治帝确系患花柳病而死。同治帝病倒之后，他的曾祖父奉诏到宫内给他诊治。诊过之后，他怀疑皇上是染上了花柳病，但又不敢确诊。因为他不明白这九五之尊的皇上为什么会染上这等红楼妓院的病。于是，他又约了另一位御医张本仁一块会诊。最后两人都一致肯定皇上确实是患了花柳，也就是我们今天所说的梅毒。皇上得了花柳病，这如果传到满朝文武、天下百姓的耳朵里，又是一大宫廷笑话。对于极其爱面子的慈禧太后来说，是说什么也不可能接受的。说不定，如果如实上奏，惹恼了她还会招来杀身之祸。但是如若不据实禀奏，耽误了病情，又怕慈禧太后怪罪。两位医生左右为难，觉得反正皇上得的是不治之症，恰好此时宫廷上下都传言皇上患了天花，于是也把同治帝的花柳病说成是患了天花。在皇帝的脉案和所开的方药上也都是按照出喜治疗，由于天花同梅毒都属于内毒外发之病，所以他们所用的药也都是些芦根、元参、金银花等滋阴化毒的药剂。这才有了后人依据脉案，认为同治帝是得天花病而死的误解。由于给皇帝治病，每一方药剂都要经过皇太后、帝师翁同龢等人的亲自审定，所以他们不敢明目张胆地用治疗花柳病的药剂，只好用这些药理类似的药来缓解这个不治之症。翁同龢当年看过他们所开的方子，在自己的日记里记下这些药剂也并不能说明什么。再说，当时虽然有些王公大臣对同治帝外出逛妓院的事情也有所耳闻，但是碍于皇帝和太后的面子，谁也不敢在公开场合明说。

关于同治帝逛妓院和患花柳病的故事，虽然在清朝的正史中没有丝毫记载，但在野史故事中却广为流传。说同治帝本来很喜欢皇后阿鲁特氏，两人感情很好。但是由于慈禧太后不喜欢这位来自蒙古的才女，怕她会利用自己的心计挑唆同治帝跟自己作对，夺了自己手中的大权。所以她就强迫同治帝同有貌无才的慧妃接近，而设法阻止同治帝同皇后亲近。据慈禧的近侍德龄在自己《清宫二年记》里面记载：慈禧太后将自己的宫殿设置在皇帝同皇后寝宫中间，并封闭了两宫之间其他的通道，以至于皇帝同皇后来往只能够经过她的宫殿前面，以便于严密地监视帝后的行为。同治帝得不到自己喜欢的人，反而被迫同不喜欢的人亲近。为了以示反抗，同治帝索性谁也不接近，整天自己独宿乾清宫。时间久了熬不住，就带几个小太监化装成公子爷到宫外的八大胡同去逛妓院。如此在花天酒地里混了几年，没想到染了一身花柳病回来。其实有些王公大臣也知道同治帝逛妓院的事情，但是对于这种皇帝的隐私事情，谁也不敢说出来，以至于历史中少有记载。

除此之外还有一种说法，说是慈禧太后为了保住自己的权力，害死了自己的亲儿子。这种说法主要来源于《清宫遗闻》等野史笔记的记载。它上面说同治帝患病之后，自己心知或许没救了，就招来军机大臣李鸿章来起草遗诏，在遗诏中同治帝安排贝勒载澍入承大统。但是对于这种皇位继承的大事，李鸿章不敢独自承诏，他知道一旦按照同治帝的安排，让贝勒载澍入承大统将会严重损害到慈禧太后的权力。如果惹恼了慈禧，将会给自己带来杀身之祸。于是，他便向慈禧告了密。慈禧听了大惊，便亲自前往同治帝的寝宫处理此事。到了皇帝寝宫之外的时候，恰好听到皇后正在向同治哭诉慈禧平时对她的刁难之苦。还听到同治说，不要伤心，日后总会有出头的日子。慈禧听完勃然大怒，立刻命令断了皇帝的医药饮膳。不久，宫里便传出了同治帝载淳驾崩的消息。

翁同龢 开缺之谜

翁同龢，字声甫，号叔平，又号瓶生、井眉居士，晚号松禅。1830年5月19日生于一个封建官僚家庭。21岁选为拔贡，23岁中举人，27岁以一甲一名进士及第，官翰林院修撰。同治四年（1865），翁同龢接替父业，入值弘德殿，为同治师傅，前后教读九年。同治病逝后，光绪即位，慈禧又命翁同龢入值毓庆宫，为光绪师傅。

维新变法酝酿期间，刚毅、荣禄、怀塔布等抱定"祖宗成法不可变"，接连上书慈禧，弹劾翁同龢，后慈禧下令撤去翁同龢毓庆宫授读。光绪二十四年（1898）四月二十七日，慈禧又迫使光绪下诏贬黜翁同龢开缺回籍。戊戌政变后，又将其革职，永不叙用。

宣统帝溥仪即位之后，其

△ 翁同龢

父载沣监国时，为翁同龢平反，"翁同龢著加恩开复原官"，后又追谥"文恭"。

翁同龢为什么会被贬黜和开缺回籍？学术界却意见纷呈，颇多分歧。

第一种观点，举荐康有为说。这一观点认为维新变法时期，翁同龢引荐康有为是导致顽固派弹劾的主要原因。中日甲午战争的失败，进一步促进了中华民族的觉醒。一代相国翁同龢也逐渐认识到西人治国有法度，认为西法不能不用，于是"大搜时务而考求之"。1888年4月，资产阶级改良派康有为在第一次上书中指出：如果中国取法泰西实行改革，十年内富强可致，二十年可雪耻。还预言日本变法自强，将窥朝鲜及辽、台。六年后甲午战败，康有为的预言得到证实。所以翁同龢认为康有为是奇才。光绪二十一年（1895），康有为、梁启超等获悉签订《马关条约》，于是联络在京会试的一千三百多名举人联名上书，提出拒和、迁都、变法等主张。翁同龢见到此书后，大为赞赏，为了识拔奇才，他以朝考官的职权，准备引荐康有为。他还不惜一品大臣的身份屈尊私访康有为，当两人会面时，足足谈了两个多时辰。临别，翁同龢还向康有为要了有关变法的书。从此他每天读变法书，和以前判若两人。光绪不愿做亡国之君，接受维新思想，实行新政，这与翁同龢引荐康有为等人是分不开的。翁同龢在与康会见的第二天，就向光绪密报会见情况。平日授读时，也是大讲西法如何如何好，还介绍光绪看《日本变法考》、《泰西新政摘要》、《俄彼得变政记》等书。当光绪毅然实施改革时，翁同龢辅佐草拟变法谕旨，颁布《明定国是》的诏书，正式宣布变法。就在光绪实施变法的同时，一批顽固守旧的满人刚毅、荣禄、怀塔布等唯恐变法后受排挤，抱定"祖宗成法不可变"，他们与甲午主和派联合起来，迎合慈禧，挑拨慈禧与光绪的关系，加紧策划政变。为了阻挠变法，顽固派把斗争矛头集中对准翁同龢，指使亲信接连上书慈禧，弹劾翁同龢"结党私政""揽权误国"，攻击维新运动。变法酝酿期间，慈禧下令撤去翁同龢毓庆宫授读。变法后第五天，慈禧又迫使光绪下诏贬黜翁同龢开缺回籍。

第二种观点，刚毅构谗陷害说。这一观点认为，翁同龢与刚毅的不和是导致前者升缺的主要原因。翁同龢秉性正直，遇事敢言，不畏权贵。在封建官场中，这种品德可以得到正派人士的崇敬，也必然会引起某些心胸狭窄、阴险毒辣、觊觎权位者的不满和嫉恨。他"好延揽"、"广结纳"，有其突出的长处；但却"必求为己用"，"不能容异己"，又有致命的弱点。他两次充当帝师，名高望重，预闻军国，稳操实权，深受光绪信赖，较之其他大臣具有明显的优势。如果遇事慎重，虚心谦和，善处人际关系，其地位会日益巩固。然而他非但没有正确运用这一优势，相反却因此而滋长了骄横和跋扈，与同僚议事，往往轻视别人，固执己见，锋芒过露，偶有不合，便怫然不悦，争吵不休。尤其令人侧目者，则是其在争吵之后，"常入报帝，必伸己意"要光绪采纳、压制不同的意见，所以他与同僚的关系很难融洽。以前，他与军机大臣沈桂芬、阎敬铭、潘祖荫等都是如此。后来与孙毓议、徐用仪更是势同水火。连1897年7月逝世的清流派首领、军机大臣李鸿藻，也与他因政见歧异而搞得关系极为紧张，以致官场中传言："李鸿藻一日不死，翁同龢一日不得逞。"而他与刚毅的不和更是种下了恶果。军机大臣满人刚毅尽管由翁同龢引荐进入枢府要地，但其思想顽固不化，与主张改革的翁同龢尤其没有多少共同语言。而且刚毅并非正途出身，识汉字不多，常读错音，遭翁讥诮，引为大耻，日思报复。有记载说，刚毅"每称大舜为舜王，读皋陶之陶字为本音，并于外省奏折中指道员刘篇为刘鼐，经公（翁）当面呵斥，渠隐恨思报复久矣。"维新变法之时，刚毅等人借机上书慈禧，弹劾翁同龢"结党私政"、"揽权误国"。最终导致慈禧令光绪下诏贬黜翁同龢开缺回籍。

第三种观点，慈禧与荣禄阴谋说。光绪皇帝明令变法的《明定国是诏》是由协办大学士、户部尚书、帝师翁同龢起草的，于光绪二十四年（1898）六月十一日颁布。而在变法第五天即六月十五日，翁同龢突然被开缺回籍，同时任命荣禄署理直隶总督并统辖北洋三军，宣布以后凡任命二品以上大员须诣太后前谢恩，并决定秋天"天津阅操"事。梁启超在《戊戌政变记》一书中说："一切新政之行，皆在二十八日之后，而二十七日翁同龢见逐。荣禄督师，西后见大臣，篡废之谋已伏。"显然，他是把翁同龢被罢黜和荣禄被重用等事件连在一起的，认定这都是慈禧与荣禄一伙儿策划的废立阴谋的组成部分。据梁启超描述，罢黜翁同龢是慈禧太后"忽将一朱谕诏书强令皇上宣布"，"皇上见此诏，战栗变色，无可奈何。翁同龢一去，皇上之股肱顿失矣"。康有为在《自编年谱》中也说："奉旨著于二十八日预备召见，二十七日诣颐和园，宿户部公所。即日懿旨逐翁常熟……并今天津阅兵。盖训政之变，已伏于是。平是知常熟之逐，甚为灰冷。"康有为、梁启超是戊戌变法的当事人，历来关于戊戌变法的著述，论及翁氏罢相，多采康有为、梁启超之说。

第四种观点，光绪本意说。理由是翁同龢虽然曾向光绪皇帝举荐康有为，但事后当皇帝向他索要康氏著作时，翁同龢却说："臣与康有为素不来往"，"此人居心叵测"。翁同龢既为皇帝起草《明定国是诏》，又当着皇帝和太后的面说过"西法不可不讲，但圣贤义理尤不可忘"；翁同龢在讨论接待来访的德国亲王的礼仪问题上与皇帝意见不合；御史玉鹏运、安徽藩司于荫霖、御史高曼、御史李盛锋等人上书弹劾翁同龢。因此认为上述事例与罢黜翁同龢的诏书中所说"近来办事多未允协，且于征询事件，任意可否，渐露狂体情状，难胜枢机之任"都相符合，遂得出结论：是光绪皇帝而非慈禧太后罢黜了翁同龢。此说初看似觉新鲜，但推敲起来仍嫌证据不足。翁同龢与光绪皇帝有20年师生之谊，情同父子，变法伊始翁同龢刚刚为皇帝起草了《明定国是诏》，皇帝显然对他是信任的，何以在数日之内翻云覆雨？而且选择在翁同龢69岁寿辰之日将他罢黜，于情于理都难以说得通。如果翁同龢确实是因为妒忌康有为而遭贬，而且诏令确实出自光绪皇帝之意，康、梁不可能毫无觉察，也不可能对翁同龢持同情态度。

翁同龢开缺的原因，因研究者视角的不同而得出了多种不同的意见，这里仅供读者自己去猜测和回味。

刺马案隐秘

　　同治九年（1870）七月二十六日上午，两江总督马新贻在校场阅兵，在马新贻阅毕回署的箭道两旁挤满了围观的群众。马新贻阅兵完毕后，在护卫的保护之下打道回府。谁知到了府衙门口的时候，忽然从人群中冲出一个人，跑到马新贻身前半米处跪地，高呼冤枉，马新贻身旁的侍卫们还没明白是怎么回事，这个人已经将一把锋利的匕首刺入马新贻胸中。马新贻痛呼一声，当即倒地。身旁的护卫们急忙冲了上来，将刺客扭住。谁知这个刺客不仅不逃走，反而立在远处高喊："刺客是我张汶祥！""大丈夫一人做事一人当，今日拼命，二十年后又是一条好汉。"护卫们制伏刺客之后，急忙用门将马新贻抬进后衙的总督府中，急召大夫诊治。但是由于马新贻被刺中要害，而且匕首上被淬了剧毒，马新贻挣扎了一番，就一命呜呼了。

　　封疆大吏在衙门口被人刺杀，对已经处于风雨飘摇中的清王朝来说是一个极坏的信号。清廷上下对此极为震惊，慈禧太后急令南京将军审理此案，一定要揪出幕后的主谋。魁玉奉旨查办此案，对案犯张汶祥审问多次，由于张汶祥总是闪烁其词，对于他的审问一味支吾，以至于审了一个月也没审出个头绪。此后，朝廷又加派大臣张之万前往江宁会审此案。张之万是个官场的老手，他知道这个案子要么没什么蹊跷，只是私人仇杀；要么牵连重大，幕后有一个非同小可的靠山。张之万来了之后，也不敢贸然行事。每日升堂，只是小心翼翼地问讯，既不用刑也不威逼。马新贻手下心腹袁保庆等人对此不满，要求严刑问讯。张之万却以"案情重大，不便徒事刑求。倘未正典刑而瘐死，谁负其咎"进行搪塞，就这样一拖就是几个月。到了年底，朝廷催问案犯的供词。张之万同魁玉便上奏说："凶犯张汶祥曾从发捻，复通海盗，因马新贻前在浙抚任内，剿办南田海盗，戮伊伙党甚多。又因伊妻罗氏为吴炳燮诱逃，曾于马新贻阅边至宁波时，拦舆呈控，未准审理，该犯心怀愤恨。适在逃海盗龙启云等复指使，张汶祥为同伙报仇，即为自己泄恨，张汶祥被激允许。……本年七月二十六日，随从混进督署，突出行凶，再三质讯，矢口不移其供，无另有主使各情，尚属可信。"

一个朝廷大员被刺杀的大案，竟然以"尚属可信"四字结案，说起来实在是一个大笑话。朝廷上下对他们审理的结果也不满意，于是又派曾国藩和刑部尚书郑敦谨重新审理此案。曾国藩磨磨蹭蹭地来到江宁之后，并不急于审理，而是静待郑敦谨到达江宁之后，才开始正式调阅案卷，着手审理。郑敦谨抵达江宁之后，本想把这个案子弄个水落石出。但是他发现每次升堂之后，主审官曾国藩反而不置一词，只是正坐在大堂之上听自己发问。而且自己审理了十几天，案犯张汶祥还是一味地撒泼抵赖，没有供出什么头绪。郑敦谨感觉其中有异，似乎主审官曾国藩不想让人彻查。正如邓之诚后来在《凰董三记》中所说的："国藩不欲深求，必有不能深求者在。"因此，郑敦谨也不敢再对案子进行深究。每次升堂，只问些不着边际的问题，案犯不回答也由他去，并不用刑。这样案子糊里糊涂地审了几个月，也没有什么结果，最后依然是按照前面张之万等人审理的结果结案，上奏的供词同张之万的基本相同。只是在对张汶祥的处置上稍有变动，将原来所判的"按谋反大逆律问拟，拟以凌迟处死"外，又增加了一条"摘心致祭"，在案结里面仍然保留了"该犯供词，尚属可信"的措辞。朝廷虽然对这个结果不是十分的满意，但是慑于曾国藩的威望和实力也只好见好就收，就此了结。最后张汶祥被凌迟处死，然后摘心祭祀死去的两江总督马新贻。

刺马案就这么糊里糊涂地结了案，但人们似乎并不相信案卷中的说法，各种流言也随着而起。有些说法甚至还被编成了戏剧、弹词在市井间流传。

其中有一说，说张汶祥刺杀马新贻是为友复仇。咸丰五年，马新贻率领军队与捻军作战，兵败被俘。这支捻军的首领叫张汶祥，手下有个结拜的兄弟叫曹二虎。张、曹二人早有降清之意，只可惜没有找到合适的台阶。此次他们俘获马新贻，便借着马新贻这个台阶以招安名义投到马新贻的帐下。为了表示自己的诚意，马新贻还当场与张汶祥、曹二虎等人结拜为兄弟。马新贻因为招降有功，也得到了升迁，张汶祥等人的军队也被收编到马新贻的山字营。马新贻仗着这支军队，屡立战功，迁升频繁。至同治四年时，已经升到安徽布政使的位子了。有一次，马新贻在府内设宴，曹二虎带着夫人郑氏来赴宴。谁知马新贻见郑氏长得漂亮，竟然起了歹心。从此，他经常找各种借口骗郑氏到他的府中，时间长了便同郑氏有了可耻之事。后来这事被张汶祥知道了。他对马新贻奸占朋友之妻的丑行大为不满，便悄悄地告诉了曹二虎。曹二虎一听，怒不可遏，恨不得一刀杀了这对奸夫淫妇。马新贻此时也起了戒心，为了能够长时间地霸占郑氏，马新贻打发曹二虎到寿春镇总兵处领军火，允诺事成后有重赏。张汶祥不放心，便陪同前往。谁知一到总兵衙门，曹二虎就被总兵以私通捻匪之罪给绑了起来，并说是奉了马藩台的命令，说罢也不容曹二虎分辩，便把他绑到市曹给砍了。张汶祥得讯前往搭救时，曹二虎已死。他埋葬了二虎，发誓一定要杀了马新贻这个反复小人，为兄弟报仇。

为了给曹二虎报仇，张汶祥到深山老林中隐居起来。打制了两把锋利的匕首，并淬以剧毒。张汶祥每日发奋练习刀法，后来感觉功夫差不多了，才出山去寻找马新贻报仇。出来后，他打听到马新贻已经升任到两江总督，并听说这个月他要在校场阅兵，这真是一个千载难逢的好机会。张汶祥了来到江宁之后，就混在观看的众人之中，寻找时机。马新贻阅完兵后返回府衙的路上，张汶祥便趁乱冲向前去一刀刺死了仇人。因为此事涉及封疆大吏的夺人之妻的私生活问题，所以清政府才会遮遮掩掩，不肯说明真相。

当然上面只是其中的一种说法，还有一种说法，说是江苏巡抚丁日昌的公子派人刺杀的马新贻。这种说法主要起因于太常寺少卿王家壁所上的一个指责丁日昌与马新贻被刺有关的折子。他在奏折中说："江苏巡抚丁日昌之子被案，应归马新贻查办，请托不行，致有此变。"这个案子原来是这样的，有一天太湖水师的哨官王有明等人到苏州逛妓院，结果与同在妓院的丁日昌的儿子丁惠衡和侄子丁继祖发生了冲突。丁公子一怒之下，叫来家将将王有明等人以滋事扰民治罪，打了40军棍。结果致使王手下的一名兵丁伤重而死。丁日昌见子侄滋事，致使勇丁丧命，也不得不上奏请求议处。后来上头命马新贻处理此案，当马新贻传唤丁惠衡的时候，丁日昌却说他越墙逃匿，不知去向。此案发生后不到40天，马新贻便被人刺杀了，因此，人们才会怀疑此事与丁家公子有关。

此外，还有一种更为离奇的说法。说刺客张汶祥是河南汝阳人，后来投了太平军，在侍王李世贤的部下当兵，认识了被太平军俘获来的清朝小官马新贻。两人在军中谈得很投机，便结拜为兄弟。后来，马新贻在张汶祥的帮助下逃出了太平军，回到清营，因为熟悉太平军的内部情况，所以打了不少胜仗，很快便升到了两江总督的位子。太平军失败之后，张汶祥也投到马新贻的手下当差，但马新贻见张汶祥的妻子长得漂亮，遂起了歹心。有一次，趁着张汶祥外出的机会，马新贻欲对张夫人行不轨之事。张夫人羞辱难当，当即自杀而死，张汶祥知道后，蓄意报仇，便找机会刺杀了马新贻。还有一种说法，说张汶祥曾经是捻军的一个首领，手下有八百多名将士，后来马新贻派人说降张汶祥部，张汶祥信以为真，与马歃血盟誓。谁知投降之后，马新贻便派人屠杀了自己的八百名部下，张汶祥侥幸逃脱，立誓要为兄弟们报仇，便找机会杀掉了马新贻。

最近又有人提出，张汶祥是湘军中的勇士，他刺杀马新贻是因为马新贻抢了湘军辛辛苦苦打下来的江苏这块宝地。还因为马新贻奉慈禧太后之命，调查太平天国财宝金银的下落，快要查到了湘军众统帅的头上。张汶祥受了某位湘军统帅的指使，伺机刺杀了马新贻。

总之关于张汶祥为什么要刺杀马新贻，后人提出了十几种说法。到底哪一种说法是真的，恐怕即使马新贻自己活着，也说不清楚。

方伯谦被杀谜案

方伯谦（1854～1894），字益堂，福州人。1867年6月考入福建船政学堂、是这个学堂的首届驾驶专业毕业生。方伯谦在船政学堂毕业之后被任命为伏波舰教官，曾率舰参加过抗击侵台日军的任务。1875年，方伯谦被升任为福建水师扬武舰舰长。后来被派留学，学习驾驶，学成归国在船政学堂任教。1881年，清政府组建北洋水师，方伯谦奉调前往，历任镇西、镇北、威远、济远等舰舰长。1888年，升任北洋水师中军左营副将兼济远舰管带。1894年7月，率舰护航运兵船队前往朝鲜，在丰岛海面与日军遭遇。同年9月，方伯谦率济远舰参加黄海海战。9月17日，中日海军在大东沟洋面展开了一场殊死的主力决战。激烈的战斗持续至下午15时30分，正当战争打得最激烈的时候，方伯谦擅自率舰驶离战场。次日凌晨丑刻，"济远"先于舰队五小时返抵旅顺口。方伯谦向旅顺营务处奏报的理由是："轮上阵亡七人，伤者甚多，船头裂漏水，炮均不能施放，驶回修理。"同日，丁汝昌返回军港之后向李鸿章汇报了黄海海战的情况。李鸿章提出"此战甚恶，何以方伯谦先回？"并电令丁汝昌等人查明情况。

9月22日，丁汝昌经过调查之后向李鸿章奏明详细的情形说：海战打响之后，"致远"舰冲锋被鱼雷击沉，"济远"管带方伯谦居然率舰撤出队伍，逃离战场，各船观望星散。倭船分队追赶"济远"不及，折回将"经远"拦截击沉，余船复回归队。"超勇"舱内被敌炮击入火起，驶至浅处焚没。"扬威"舱内火起，又为"济远"拦腰碰坏，亦驶至浅处焚没。查战时"定远"、"镇远"舱内亦为敌弹炸烧，一面救火，一面抵敌，皆无失事。"超勇"、"扬威"若不驶至浅处，火即可救。"经远"同"致远"一样奋勇摧敌，闻自该管带等中炮阵亡，船方离队，如仍紧随不散，火亦可救，"广甲"管带吴敬荣随"济远"逃至三山岛东搁礁，连日派船往拖，难以出险。现用驳船先取炮位，再不浮起，只得用药轰毁。窃自倭寇起衅以来，昌屡次传令，谆谆告诫，谓倭人船炮皆快，我军必须整队攻击，万不可离，免被敌人所算。此次乃"济远"首先退避，将队伍牵乱，"广甲"随逃，若不严行参办，将来无以儆效尤而期振作。余船请暂免参。方伯谦即先逃走，实属临阵退缩，应请旨将该副将即行正法，以肃军纪。

随后，9月24日午时方伯谦被以"首先退避"，"牵乱队伍"，"拦腰中撞"扬威"三条大罪正法于旅顺军前。一百多年来，关于方伯谦的死，史学界一直争论不休。有些人认为方伯谦确实是临阵脱逃，被杀也是罪有应得。有些人认为方伯谦没有临阵脱逃，他的死只不过是做了李鸿章和丁汝昌的替罪羊，方伯谦案完全是中国近代历史上的一大冤案。特别是近年来，两种观点各执一词，争论不休。

认为方伯谦死得冤枉的学者认为，丁汝昌从电请参办方伯谦到对方伯谦的正法，只间隔了三天的时间，这三天中并未对方伯谦进行审讯。如此急着处死方伯谦实际上就是要拿方来做替罪羊。甲午海战，北洋海军失利，朝廷如果怪罪下来，身为北洋海军执掌者的李鸿章和前线指挥官的丁汝昌，都难辞其咎。为了逃避战败的责任，他们只能拿方伯谦提前脱阵来做文章，由此编造出"首先退避"，"牵乱队伍"，"拦腰中撞扬威"三条大罪，将战败责任全推在方伯谦头上，好为自己开脱。

这派学者还拿出了许多证据来证明自己的观点。他们认为丁汝昌给李鸿章的报告，是有意打乱了战场上实际的时间顺序，扬威舰是在一时十分左右中敌炮起火，向大鹿岛方向撤退，并在大鹿岛附近搁浅。济远舰退出战场是在三时三十分左右。济远舰退出战场的时候，扬威舰已不在战场，又怎么可能把它拦腰撞坏呢？另外，济远舰和扬威舰一个在战阵的右翼外侧，一个在战阵的左翼，两舰相差很远，根本不可能相撞。同时，两舰撤出战场的方向也是正好相反，一个向东南一个向西，相背而驰，更没有相撞的可能。丁汝昌之所以要在奏报中打乱时间和位置的顺序就是为了把整个海战失败的原因推到方伯谦一人身上，故意要拿方伯谦做海战失败的替罪羊。

他们指出济远舰的退出不是什么首先退避，而是在力战受伤失去战斗能力情况下保存战舰的无奈之举。从济远舰返回后的情况来看，战舰确实受到了严重的损伤。在黄海海战的过程中，济远舰同广甲、经远、致远四舰共同结阵御敌。当战斗打到下午一两点钟的时候，广甲舰临阵畏缩首先逃离海战战场，致远舰被敌舰鱼雷击中沉没，经远舰遭敌舰重创丧失战斗能力。也就是说，这一翼的四艘战舰中，此时只剩下济远舰自己孤军奋战。它遭到四艘敌舰的围攻，伤亡严重，又得不到主队的救援，只好在危急的情景下冲出重围西撤。所以，这种情况下的撤离根本不能说是临阵脱逃。另外据一些学者考证，济远舰在撤离船队之后，也没有放弃战斗，而是独自开辟了与日本的第一游击队在西战场苦战至海战结束，才且战且退地返回旅顺军港。至于为什么日本的海战记录中没有这一段战斗的记载，主要是因为日舰为报丰岛之仇，以第一游击队四舰围攻济远舰，都未能击沉"济远"，这事如果说出来将会使得第一游击队抬不起头来。因此，他们不敢在海战记录中明言。至于"济远"为什么比主力舰队早回旅顺基地几个小时。学者们认为，这也许是因为济远舰同船队航向、航程和航速的差异造成的，并非先逃四小时所致。此外北洋海军战阵的混乱，也并非是方伯谦造成的。主要是因为丁汝昌、刘步蟾指挥不当，编队有误造成。甲午海战开战之后，丁汝昌把几艘航速比较快的大型铁甲舰置于阵头，而把几艘最弱的战舰置于阵脚。这样在舰队奋力追敌的过程中，由于各舰航速上的差异，舰队队形不打自乱。出于后面的济远、广甲、超勇、扬威等小型战舰因追赶不上被抛在阵尾。使得日舰有机会以快船绕过阵头大舰，转而围攻后翼弱舰。导致整个北洋舰队处于被动挨打的局面之中。此后又经刘步蟾擅自改变舰队队形，致使船队更加混乱。所以加给方伯谦的几项罪名都不成立，方伯谦是被冤杀的。

对于上面的观点，持反对意见的学者们也拿出了自己的证据。首先，方伯谦率舰退出战场逃回旅顺，这是不争的事实。依据《北洋海军章程》，

"临阵逃亡者，斩立决"，所以无论有什么理由，方伯谦都违反了这条军纪，被杀也是罪有应得。

此外，学者指出方伯谦在黄海海战之前的牙山海战中就有临阵脱逃谎报战况的记录。1894年7月25日，方伯谦率领"济远"舰会同"广乙"舰，共同护送高升号运兵船前往朝鲜牙山。在丰岛海面，与日本联合舰队中第一游击队遭遇。日舰首先开炮，挑起了丰岛海战。经过一番激战，"广乙"负伤东退，"济远"则且战且退，日舰"浪速"、"吉野"紧追不放。"济远"舰曾升起白旗投降，无效。尔后又升起日本海军旗，还是无效。最后，经义愤水手自发发炮还击，击伤"吉野"号，"济远"舰方得逃回旅顺。逃回旅顺后，方伯谦反而谎称自己力战挫敌，后又挂白旗诱敌，"我船后台开四炮，皆中其要害，击伤倭船，并击死倭提督并官弁数十人，彼知难以抵御，故挂我国龙旗而奔"，以此遮盖自己临阵脱逃的事实。关于方伯谦在丰岛海战中的表现，在《东方兵事纪略》这样记载："'济远'之奔，倭'吉野'追甚急。'吉野'为新式快船，每四刻能行二十三海里，势将及，管带方伯谦及树自旗，继而树日本旗，倭追如故，时有水手王姓者，甚怒而素甚弱，问何人助我运予？又有一水手挺身愿助，乃将十五生特尾炮连发四击……伯谦既度生还，归威海，遂称击毙倭海军总统以捷闻。"由此可见，方伯谦是有着临阵脱逃，谎报军情的前科的。此次在黄海海战中，据当时船上的一些水手们回忆。方伯谦在战斗打响之后，不但不敢在舰桥上指挥战斗，反而畏缩到铁甲仓内，致使军舰丧失战机，腹背受敌。

同时，对于那些替方伯谦翻案的学者们提出的论点，持反对意见的历史学者们也一一进行了反驳。总之，从目前的状况来看，方伯谦到底是不是被冤杀的，还不好下结论。这一问题的彻底解决，恐怕还要作进一步的考证。

袁世凯告密疑案

　　袁世凯（1859～1916年），字慰亭，号容庵，是中国近代史上赫赫有名的人物。1859年9月16日，他出生在河南项城县一个时代官宦的大家族。因科举不第，便弃文投军，投到淮军将领吴长庆门下。1892年，袁世凯被派往朝鲜，并取得李鸿章的信任。1895年，袁世凯在李鸿章的保举下以道员衔赴天津督练"新式陆军"，开始成为有军权的实力人物。

　　1898年，清廷年轻的光绪皇帝在康有为、梁启超等维新派人物的推动下，冲破顽固派的阻挠，开始实行变法维新。

　　变法运动初期，袁世凯曾经表现出支持变法、积极推动变法的热忱。1895年，在康有为发动公车上书以后，袁世凯也曾亲自向光绪皇帝上书，条陈变法事宜。1895年夏，康有为第四次上书光绪，都察院等部门拒绝代陈，袁世凯还曾帮助请求督办军务处代递。强学会成立之后，袁世凯也积极参与，称为强学会的发起人之一。11月，袁世凯受命往天津小站编练陆军时，康有为还曾亲自为他设酒饯行，康有为对袁世凯的印象也极好，认为："袁倾向我甚至，谓吾为悲天悯人之心，经天纬地之才……"7月，变法运动达到高潮之后，袁世凯又派徐世昌到北京与维新派保持紧密地联系。袁世凯对戊戌变法的关心，骗取了维新志士和光绪皇帝对他的信任。光绪二十四年八月初一，光绪帝在颐和园召见袁世凯，破格提升他为候补侍郎，专办练兵事务。并允许他可以不受荣禄节制，各办各事。

　　1898年6月11日，光绪帝毅然颁布《明定国是》的诏书，正式宣布变法。变法期间，光绪帝发布了上百道新政谕诏，除旧布新，内容涉及政治、经济、军事、文化等各个方面。但是，变法运动一开始就遭到以慈禧太后为首的封建顽固派的敌视与破坏。大部分的改革措施在顽固势力的反对和阻挠下都变成一纸空文。光绪帝和慈禧太后之间的矛盾也逐渐激化。两党形同水火，势不两立。9月5日，光绪帝召见谭嗣同、杨锐、刘光第、林旭四人，授予他们四品官衔，令在军机处章京上行走，参与新政。令下之日，还给四人一道"密谕"，要他们妥筹良策，推进变法。此后，两党之间的矛盾进一步恶化。慈禧太后在守旧势力的怂恿之下，预谋在光绪陪同慈禧到天津阅兵的时候，由担任直隶总督的顽固派大将荣禄发动政变，罢黜光绪帝，推翻一切新政，让慈禧太后重新上台垂帘听政。光绪帝听到消息之后惊恐万分，并于9月14日与9月17日连续两次给康有为下达密诏，密诏中说："朕位且不能保，何况其他？"要维新派筹商对策。康有为等人读诏之后，知道形势严峻，又将梁启超找来协商。几个人痛哭一场后，拟定一个孤注一掷的冒险计划：实行兵变，包围颐和园，迫使慈禧太后交权。他们计划一方面要争取手握"新建陆军"，又热心变法事业的袁世凯发动兵变，诛杀荣禄，发兵围困颐和园；另一方面派会党首领毕永年带领侠士潜入颐和园，捕囚慈禧。计划的关键在于袁世凯。9月18日深夜，谭嗣同只身前往袁世凯的寓所法华寺，劝说袁世凯举兵诛杀荣禄，包围颐和园。谭嗣同见到袁世凯后，问他："你认为皇上是怎样一个人？"袁世凯说："是旷代圣主！"谭嗣同又说："荣禄他们准备借天津阅兵废黜皇上的阴谋，现在只有你一个人可以救我们的圣主。你如果愿意救，就请救之：如果不愿意救，可以到颐和园向西太后告发我，也可以因此享尽荣华富贵。"袁世凯说："你把我袁世凯看成什么人了，皇帝是我们共同的英主。有什么事情你就说吧，有用到我的，将万死不辞！"谭嗣同见袁世凯说的信誓旦旦，就把诛杀荣禄，围困颐和园，囚禁慈禧的计划告诉给袁世凯。袁世凯当时还激昂地说："如皇上在我军营里，令我下手，那么，杀一荣禄如杀一狗耳！"就这样，谭嗣同以为袁世凯答应帮忙了，便返回寓所同康有为商量下一步的事情。

9月20日（农历八月初五日）袁世凯向光绪请训，当天便乘火车返回了天津。9月21日早晨，慈禧太后便发动了戊戌政变，将光绪帝囚禁于中南海瀛台，并假借光绪帝的名义，吁请慈禧"训政"。慈禧执掌清廷大权后，下令捉拿康有为，查抄康的住地南海会馆。康有为、梁启超逃亡日本。在这同时，慈禧下令废除在变法期间颁布的几乎一切新政法令与措施，历时103天的戊戌变法遂告失败。

百日维新失败之后，传统的史学观点认为是，袁世凯的告密导致了慈禧太后发动政变。他当天乘火车返回天津向荣禄告密，出卖了光绪帝和维新派。当夜，荣禄又从天津乘车赶到北京向慈禧太后告了密，慈禧一怒之下便发动了政变。后人甚至还编写了一首打油诗来讽刺袁世凯卖友求荣："六君子，头颅送；袁项城，项子红；卖同党，邀奇功；康与梁，在梦中；不知他，是枭雄。"

对于这种说法，有人提出了疑问，据天津的《国闻报》记载，1898年9月20日，袁世凯乘坐上午11点40分的火车返回天津，抵达天津时，就已经是傍晚了。所以袁世凯到荣禄府上告密，应该是在当天的夜里，荣禄得知这一消息之后，不可能于当天夜里便赶到北京颐和园告密。因为当时北京、天津之间的火车通行不久，只在白天行车，没有夜车。但慈禧太后于第二天的上午就发动了政变，可见慈禧太后发动政变是早有预谋，并非因为袁世凯告密引起。另外一个疑点就是，慈禧太后发动政变之初，并没有立即下令缉拿在密谋围园计划中担任重要角色的谭嗣同。9月22日，谭嗣同还到梁启超避居的日本驻华使馆，把自己的手稿交给梁启超，梁劝谭嗣同一块走，谭嗣同说："不有行者，无以图将来；不有死者，无以酬圣主。"拒绝逃走。至9月25日，谭嗣同才被捕。因此，如果袁世凯在9月20日就已经告了密的话。慈禧太后在次日发动政变时，所发布的上谕中不应该只拘捕康有为、康广仁等人，重点应该是谭嗣同，谕旨中没有谭嗣同，而且给康有为等人定的罪名只是"结党营私，莠言乱政"。并没有"围园劫后"大逆不道等词语。说明在慈禧太后发动政变之前袁世凯还没有告密。即使他已经告了密，消息也还没传到慈禧太后的耳朵中。

据学者们考证，袁世凯其实是在政变发生之后告的密。在袁世凯自己所写的《戊戌日记》中对于告密一事并未讳言，主要是袁世凯写作日记的时候，还是清朝统治时期，告密一事对他来说也不是什么丑闻，反而是忠于清朝的大功一件。但是有一点值得怀疑，那就是袁世凯9月18日就通过谭嗣同知道了维新派企图围困颐和园，拘禁西太后的计划，他如果当时是想通过告密升官发财的话。完全可以在第二天就直接到颐和园向慈禧太后告密。没有必要一直等到9月20日的晚上才通过荣禄托出此事。由此可见，袁世凯在告密之前也是经过了一番利害考虑，并在不得已的情况下才说出这个秘密。

据后人推测袁世凯之所以一直等到20日晚上才告了密：一方面他是在静观事态发展。从自身安全的角度讲，他不愿贸然地参与到维新派的诛杀荣禄，围困颐和园，捕杀慈禧太后的计划中去。他知道维新派手中除了一个徒有虚名的皇帝外，根本没有什么实力。自己如果按照康有为等人的计划，带兵围困颐和园，成功的可能性很小。小站的兵虽然精锐，但人数却远远少于荣禄掌握的军队。况且小站距离北京两三百里，要长途行军，奔袭入京。势必会受到早已被荣禄安置在京郊一带的聂士成、董祥福等部的阻拦；另一方面，维新派的谭嗣同等人已经寻觅了会党人物毕永年以及大刀王五等江湖侠客，还存在出其不意，突袭颐和园，控制慈禧的可能。所以在事件没有爆发之前，袁世凯还不想完全表明自己的态度。一直等到21日上午，袁世凯前往荣禄府，看到荣禄的卫兵夹道迎接他。感觉到事态的严重，后来又听到正在荣禄府上的杨崇伊告知他太后已经训政。他见自己已被荣禄怀疑，更怕康有为等人被捕后供出自己在法华寺所说的话，无奈之下只好向荣禄告密，托出维新派兵变围园的密谋。导致慈禧太后进一步加大了对维新派的打击。

不过无论怎么说，袁世凯曾告过密是没什么异议的。不论告密是在事前还是在事后，只要卖友求荣的人都会被钉在历史的耻辱柱上，永世不得翻身。

珍妃是自杀还是他杀

珍妃，不仅才华横溢，而且生性乖巧、善解人意，是光绪最宠爱的妃子。珍妃13岁入宫深得光绪帝之心，同时也成了皇后隆裕的心头刺。最为可悲的是在钩心斗角的高墙红瓦之中，她与当时的权力核心——慈禧有着极深的矛盾。年仅25岁的她本应在宫廷之中享受荣华，然而大好青春之际的她时运却急转直下，最后溺死井中，直到一年之后才得以殓葬。

珍妃曾是光绪心里的娇丽蔷薇，集三千宠爱于一身，最后却曾身陷冷宫，溺死于井中。一生荣辱冷暖颇受争议，命运更可谓扑朔迷离，然而珍妃究竟为何遭到如此之下场？

一、珍妃的起伏人生

出身名门的珍妃，是满洲八旗中镶红旗人。祖辈们多属达官显贵，祖父裕泰是陕甘总督，父亲长叙是礼部左侍郎，伯父是广州将军长善。珍妃和妹妹瑾妃自幼在广州长大，十岁返京。幼时曾师从清末著名学者文廷式，擅文墨，长大后也是难得的才女。

光绪十四年（1888）秀女大选，珍妃、瑾妃姐妹入选宫中成为嫔。当时的皇后已被慈禧太后指定，就是其侄女叶赫那拉氏。活泼开朗、天真烂漫的珍妃入宫后不久，就深得光绪的喜欢。光绪二十年（1894），由于慈禧太后70寿辰加恩得以晋嫔为妃。

照相技术在珍妃入宫时已传入中国，可惜当时公众皆认为照相之术会摄人魂魄，致人损寿，故人人敬而远之。但大胆的珍妃却接受了这门艺术，成为清宫后妃中照相的第一人。慈禧对此事甚为不满，且大发雷霆，斥责珍妃随意在宫中玩弄妖术有失体统，并将其照片尽数销毁。

△ 光绪与珍妃

　　大婚之后的光绪，日益宠爱珍妃，对皇后隆裕冷漠也开始加剧。皇后隆裕心里十分嫉恨得宠的珍妃，并常常在太后慈禧面前挑拨是非，诬蔑珍妃，使珍妃受屈受辱。这一招不仅没有得逞，相反光绪皇帝反而迁怒于皇后隆裕，两人的感情日益冷淡。而隆裕更是仗着自己是太后的亲侄女，经常拿慈禧压光绪，加剧了光绪对她的讨厌，到最后光绪几乎终年不去坤宁宫一回。

　　光绪二十四年（1898），以康有为为首的维新人士支持光绪皇帝大胆改革。此时的珍妃更是积极支持变革，不仅亲自出谋划策参与其中，还劝其老师文廷式和堂兄志锐参与其中。

　　支持光绪皇帝自主朝纲的措施，大大刺痛了慈禧太后的软肋。慈禧很快以"扰乱朝纲"之罪对珍妃一群人进行了严厉的打击，罢黜文廷式，贬谪志锐，并将珍妃从妃子降为贵人。百日维新失败后，光绪皇帝被囚在中南海瀛台，珍妃则被贬入冷宫。

　　政变失败可以说是珍妃生命的一个转折。此后她被幽禁于几乎与世隔绝的小屋子内，不许出门一步，吃的也是残羹冷饭，还经常受到势利太监的责罚。

光绪二十六年（1900），八国联军攻陷北京，狼狈的慈禧挟持光绪西逃。这个毒辣的女人临行之前还惦记着冷宫之中的珍妃，可惜这一惦记不是带珍妃西逃，而是给珍妃的命运画上了句号——珍妃坎坷的命运最终在井中找到了归宿。

二、珍妃离世之真相

对于珍妃之死民间有说法认为，1900年8月八国联军兵临北京城下，慈禧挟光绪西逃之前曾将囚禁的珍妃提出来。当时珍妃战战兢兢、面容憔悴地跪在慈禧的脚下，坚持"老祖宗可以离京暂避，皇上应坐镇京师，力挽危局"。

慈禧太后以害怕珍妃太年轻而"万一受到侮辱，丢了皇家的体面，对不起祖宗"为由，而令其首领太监崔玉贵将其推入井中。

虽然史料对此并无确切记载，后来一位何姓宫女对此事做了回忆。这位宫女曾伺候过慈禧太后。她说："逃跑是在光绪二十六年（1900），即庚子年的七月二十一日。头一天的下午，老太后在乐寿堂屋里睡午觉。我和往常一样，陪伴在寝宫里，背靠西墙，坐在砖地上，面对着门口，这是侍寝的规矩。突然，老太后坐起来了，撩开帐子。平常撩帐子的事是侍女干的。

"这一举动如此意外，吓了我一跳。匆匆洗完脸后，老太后一声没吩咐，独自走出了乐寿堂。我们跟随老太后走到西廊子中间，老太后说：'你们不用伺候。'这是老太后午睡醒来的第一句话。我们眼看着老太后自个儿往北走，进了颐和轩。大约有半个多时辰，老太后从颐和轩出来，铁青着脸皮，一句话也不说。我们是在廊子上迎老太后回来的。

"晚上，老太后赐死珍妃的消息便偷偷地传开了。据说，老太后让人把珍妃推到井里了。这位何姓宫女还说，民国初年，崔玉贵曾到她家串门，亲口讲了处死珍妃的经过。"由此可见，民间之说并非空穴来风。

史学界对珍妃之死，较赞成的一个观点就是，珍妃其人自恃娇宠，卖官受贿，多有丑闻。后来东窗事发，连光绪皇帝也无法庇佑，最终遭贬至冷宫。这种说法并不是没有根据。清朝制度，皇妃例银只有三百多两，这对于生活奢华的珍妃来说只是九牛一毛。因此珍妃财物常常出现亏空。无奈之下，仗着自己在光绪皇帝跟前的得宠，大胆妄为，开始卖官受贿，以供奢靡之生活。

宫里太监所述的《珍妃之死》及光绪年间的吏部主事胡思敬的《国闻备乘》里，都有珍妃卖官受贿的记录。举一典型的例子，为了谋求"四川盐法道"这个官职，一

△ 珍妃

个叫玉铭的人一次性就给了珍妃几万两银子。玉铭后来被光绪皇帝召见，皇帝发现这人居然大字不识一个。大惊之余，遂开除了玉铭。

不巧，此事后来传到慈禧的耳朵里。慈禧令光绪严查，珍妃被查出主谋此事。根据清朝制度，后宫是不许干政的。惹恼的慈禧，严加拷问珍妃。同时搜查了珍妃的房子，查到了一个小册子。册子里面记载着某年某月收到河南巡抚多少钱之类的言语。铁证如山，连光绪皇帝也奈何不得，于是珍妃被打入冷宫。

后来八国联军侵华，慈禧决定让幽禁的珍妃回娘家躲避，而珍妃至死坚持跟随光绪皇帝，见慈禧太后不理，便跑到井边说："我活着是皇家人，死了是皇家鬼。"说完便抬脚跳进井中。

李莲英暴死之谜

　　李莲英是同治、光绪两朝的太监总管，与慈禧太后关系密切。据现存史料记载，李莲英于1911年因病而终。1966年，李莲英的坟墓被"造反派"们砸开。令人吃惊的是，打开棺材，里面除一颗骷髅头颅和一条1米来长的辫子外，全身连一块骨头都没有！这一离奇的墓葬，引起了人们探寻李莲英死之谜的兴趣。中国人历来讲究全尸，两朝的权势人物，为何只有头骨葬入陵寝？

　　一、尸骨离奇身首异处

　　历同治、光绪两朝稳居太监总管之职，李莲英可谓官运亨通。他与主子慈禧，不仅在日常生活中关系密切，就在一些重大的政治和经济问题上，也是慈禧太后的决策人和密探。清朝祖制，太监最高职位是四品官，唯独李莲英被慈禧授予了二品官和红顶戴，外加一件黄马褂。

　　生前尽享奢华，就连其死后的"住处"，慈禧也为李莲英安排好了，恩济庄的坟墓就是慈禧拨巨款为他建的。1908年，光绪和慈禧相隔一天先后死去。李莲英在参与料理了丧事之后，为了表示对慈禧的"忠孝"之心，离开了他待了50多年的皇宫，3年后这位当时的红人也一命归西了。

　　"文革"期间，破"四旧"之

△ 李莲英

风横行。后来红卫兵更是掀起了一股挖坟的歪风。在这期间位于大城县李贾村李莲英家的祖坟也未能幸免，几个坟头被挖开。奇怪的是其他坟头都是两个棺材，唯独有一个坟头内只有一个棺材，打开棺材一看，里面并无尸骨，只有一个一尺多长的银人。

据后人分析，当地风俗——太监无妻室是不允许进祖坟的。而这个小银人的坟就是李莲英的"明堂"，所谓明堂就是用银人代替死者入葬。那么，李莲英的坟在哪里呢？

1985年，"文革"时期在六一小学任教的佟洵老师著文称，李莲英的尸骨葬在北京海淀区恩济庄（今六一小学院内），"文革"时期也被造反派挖开，但奇怪的是棺材内除了珠宝之外只有一个头骨和一条三尺来长的辫子，其他什么也未发现。

二、李莲英死因探秘

李莲英的真实死因引起了人们的纷纷猜疑。这位高权重的两朝太监总管为何身首异处呢？关于他的死因主要有三种说法，不过经过仔细推敲，这些说法都各有漏洞。

一说，李莲英到东陵拜谒慈禧的陵寝，回来时在半路上被人杀死。李莲英真是拜谒慈禧陵寝而死吗？

据史载，李莲英死于宣统三年（1911）二月初四。该日既不是慈禧殡天的祭日，也不是上坟祭祖的节日，李莲英却无缘无故地去东陵拜祭，就很难令人置信了。

二说，去山东无棣县看望侄孙女的李莲英，行到山东、河北交界处被强人所杀，两个侍从无法运回全尸，只好带回一个人头。李莲英是看侄孙女途中被杀而死吗？

据李氏后裔李瑞荣说：李莲英的确有侄孙女。她就是"升泰（莲英四弟）之子福春的女儿。此女名叫李丽英，她先嫁江西，后改嫁山东无棣县谢家。"但这位姓李的侄女久住天津，七七事变后才回山东。也就是说，李莲英死时丽英尚在天津，还未去山东。再说李莲英曾过继一个女儿，嫁在沧州知府刘洪武家。在严寒的冬季，他不看近在咫尺的女儿，却远道去看侄孙女，也未免蹊跷。

三说，小德张想敲竹杠，与江朝宗勾结定计，邀李莲英到什刹海会贤堂赴宴。席散之后，李途经后海时，遇土匪被杀，在后海只找到了他的人头。李莲英是因财多招祸，被小德张、江朝宗设计所杀吗?

令人怀疑的是，杀人后没有夺取李莲英财物的记载。近来又有人撰文说，李莲英死时江朝宗尚在陕西汉中任镇总兵，并未在京任职，故此说也难以成立了。

那么，李莲英究竟是如何死的呢?

据李莲英过继之孙李祥吴透露：李莲英吸食鸦片由来已久，最后是得"烟后痢"而死的。"烟后痢"俗名"烟漏"，即抽大烟后得了痢疾，"烟后痢"在当时是一绝症。告老出宫的李莲英，由于精神空虚，无所事事，吸鸦片量骤增，以致面色灰暗，皱纹增多，眼窝深陷，骨瘦如柴，竟发展到无鸦片难以度日的境地。

宣统三年（1911）正月二十九日，一个阴冷的夜晚，李莲英突然感到腹如刀绞，大便带血，从此难以进食。二月初四，这个有52年宫廷生涯的李大总管在风雪交加的夜晚，悄悄离开人间，终年64岁。

《李氏家谱》中对李的离世是这样的记载："……六十一岁传奉龙裔上宾，百日孝满出宫养老南花园，六十四岁卒子辛亥二月初四日亥时，距生于戊申十月十七日辰时。"

然而，令人不解的是李莲英为何身首异处? 就此疑问，后人至今也没能做出合理解释。

光绪真是慈禧害死的吗

光绪，名叫爱新觉罗·载湉，是慈禧太后的外甥。1874年同治皇帝死，因其无子，由慈禧太后做主立4岁的载湉即位。次年改年号为光绪，由她再度进行"垂帘听政"，此后光绪便成一个傀儡皇帝。

后来，慈禧太后和光绪在政治上发生了冲突。慈禧太后代表保守派握有实权。光绪在维新派的影响下，决定通过改革挽救大清即将衰亡的命运，因而于光绪二十四年（1898）推行了维新变法，史称"戊戌变法"。但变法只搞了103天就被慈禧太后镇压下去了。慈禧太后杀害了谭嗣同、刘光第、杨深秀等"六君子"，而光绪则被严密囚禁起来。

△ 慈禧太后

1908年10月，光绪在日记中写道："我身患重病，但心中总觉得老佛爷（慈禧）定会比我早死。若是如此，我要下令斩杀袁世凯与李莲英。"不料此事被李莲英获知，李莲英添油加醋地向慈禧汇报说："皇上想死在老佛爷后面呢。"慈禧听后怒火中烧，狠狠地说："我决不能死在他前面！"她随即下令改由李莲英来侍候光绪起居。这天下午，光绪便离开了人间，第二天慈禧也在中南海仪鸾殿病逝。

在不到一天的时间里，光绪帝与慈禧太后相继死去，而生前母子二人的关系又是那样的对立和微妙，实属历代所罕见。所以消息传出，中外震惊，各种评论和猜测亦随之而见，《清室外纪》曰："关于太后皇帝同时而崩，北京城中人言人殊，然欲查原因，则实毫无线索。"

曾是清宫御医的屈贵庭，在民国时期的杂志《逸经》第29期上发表文章说，在光绪临死的前三天他最后一次进宫为皇上看病，发现光绪的病情突然恶化，在床上乱滚，大叫肚子疼。没过几天，光绪便死了。这位御医认为，虽不能断定是谁害死了光绪，但却可以肯定光绪是被人暗中害死的。那么，谁最有可能对光绪下此毒手呢？人们议论纷纷。

其一，是袁世凯。袁世凯在戊戌变法时辜负了光绪的信任，在关键时刻出卖了皇上。他深知光绪帝是对他切齿痛恨的，故以进药为名，暗中下毒将光绪害死是极有可能的。这种说法最有权威的依据是清朝最后一个皇帝溥仪的说法，溥仪说："我亲耳听到一个侍候光绪帝的老太监讲：'光绪帝死前一天，只是用了一剂药，才变坏的。后来才知道这剂药是袁世凯送的。'"

然而分析一下，尽管袁世凯有作案的动机，但缺乏确凿的证据。因此尚不能指认袁世凯是凶手。

其二，是太监李莲英和崔玉贵。李莲英仗着慈禧的恩宠，常在慈禧面前说光绪的坏话，背后还一再凌辱光绪帝。光绪亲政后，李莲英秉承慈禧的旨意与那些后党官僚里应外合，布置亲信太监"监视光绪帝的言行"，然后向慈禧报告，在"戊戌政变"中立下了汗马功劳。

崔玉贵为慈禧的御前首领太监，也是深得慈禧的宠信，他是残害珍妃的直接凶手。光绪帝对其恨不能生啖其肉，睡寝其皮。

这两个太监怕慈禧死后，光绪对他们进行报复，于是决定毒害光绪。胡思敬的《国闻备乘》里说："德宗先孝钦一日崩，天下事未有如是之巧，外间纷传李莲英与孝钦有密谋。予遍询内廷人员，皆畏罪不敢言。"慈禧的御前女官德龄在《瀛台泣血记》里写道："万恶的李莲英经过几度筹思，他的毒计便决定了。光绪自己心里明白，他料定必是李莲英在饮食中下了毒，存心要谋杀他。"而说崔玉贵，则是他深知自己罪在不赦，故手段更是毒辣，曾密令一手下襟怀利刃，伺机刺杀光绪。然而这些都是道听途说，不能作为直接的证据。

其三是慈禧。慈禧是最有可能谋杀光绪的，因为只有在她主谋或默许下，光绪才能被害致死后又不被追究。袁世凯不可能明目张胆地在所进药品中下毒。因为他与光绪的仇恨世人皆知，那样做只能自取弑君之罪。李莲英、崔玉贵这样的太监如没有慈禧的密旨，也不可能做此冒险的事。因此唯一可疑对象只能是慈禧。

在晚清文人恽毓鼎的《崇陵传信录》和徐珂编著的《清稗类钞》中摘抄的清代笔记里认为，慈禧太后病危期间，唯恐自己死后，光绪重新执政，推翻她一手制造的种种冤案，于是令人下毒手将光绪害死。

《清史稿后妃传》记载："光绪三十四年十月，太后有疾，上疾益增剧。"看来是光绪病重，而慈禧仅有病。如前叙慈禧发三道懿旨立宣统为嗣、载沣为摄政王、监国。她根本没想到自己会很快撒手人寰，何况此时她和光绪的关系已有所缓和，没有理由非要害死光绪帝。

既然以上三种推论都有疑点，那么光绪之死是否另有原因？据载，光绪帝自幼身体羸弱，光绪三十年以后，光绪就常年有病，《清史医案》中记载他长期的肾虚，神经官能症，腰酸腿疼，肺也不好，晚期又得了肺炎。从光绪二十五年前后，光绪帝的病情急剧恶化，已无好转的可能。有光绪帝临死前的"脉案"和他自书的"病原"等大量医案可以作证，例如：

△ 光绪

光绪37岁时的《病原》说，他遗精将近二十年，腰腿肩背经常酸沉，耳鸣也有近十年。

光绪二十六年《脉案》记载，光绪的身体每况愈下，大不如前。

光绪三十四年三月初九日《脉案》，御医曹元恒写下，光绪肝肾阴虚，脾阳不足，气血亏损，病势到了无药可用的严重程度。

同年十月十七日，三名御医会诊《脉案》，光绪病危，出现肺炎症及心肺衰竭的临床症状。

同年十月十九日光绪的《脉案》，光绪出现胸闷气短，咳嗽不断，大便不通，全身乏力的症状。

同年十月二十日光绪的《脉案》，当晚光绪开始进入弥留状态，神志不清。

同年十月二十一日光绪《脉案》，当天中午，光绪脉搏似有似无，张嘴倒气，傍晚，光绪停止了呼吸。

综上所述，光绪帝"猝亡"之谜已昭然若揭。但从光绪死的那天开始，人们就怀疑他不是正常死亡，这也是事出有因的。看看光绪不幸的婚姻和他苦闷的皇帝生涯，也就可以理解人们的种种猜测了。"生于末世运偏消"，作为历史上最后一位主张政治改革的君主，光绪饮恨而终的命运令人扼腕长叹；对于中国最后一个封建王朝而言，政治改革的历史机遇已转瞬即逝，覆灭是注定的。晚清的历史是一面镜子，光绪的命运就是大清的国运。

末代皇后婉容的"外遇"是怎么回事

溥仪曾说:"我先后有四个妻子,按当时的说法,就是一个'皇后',一个'妃',两个'贵人'。如果从实质上说,她们谁也不是我的妻子,我根本就没有一个妻子,有的只是摆设。虽然她们每人的具体遭遇不同,但她们都是同样的牺牲品。"他的话是什么意思,婉容出轨是否与此有关?

郭布罗·婉容,达斡尔族,正白旗,1906年出生于内务府大臣荣源府内。

1922年,已满17岁的婉容因其不仅容貌端庄秀美、清新脱俗,且琴棋书画无所不通,在贵族中闻名遐迩。同年婉容被采选入宫,成为清朝史上最后一位皇后。"一朝选在君王侧",从此婉容走向了一条人生的不归路。

婚后,婉容与溥仪虽然在表面上看还算欢愉融洽,但实际上从他们建立夫妻关系开始就潜伏着危机。她当初是怀着热切的期盼去做这个皇后的,不知宫闱似海。刚入宫的新鲜感过后,宫内日复一日的枯燥、寂寞、乏味的生活使她窒息压抑。她虽然得到了皇后的高贵身份和锦衣玉食的生活,但是紫禁城的高墙束缚着她的自由,尤其是夫妻关系间的难言之隐,更使她体会不到丝毫的闺房之乐,床笫之欢。婉容有同龄女子一样的憧憬,虽然她又比她们多了一些尊崇。但少了她们的世俗的欢乐,更多的是生活上的不如意,精神上的禁锢折磨,所以她很快就变得郁郁寡欢了。而时局的动荡与溥仪内心深处的极端自私、多疑,又让她的失望渐渐加重。

两年后因冯玉祥将军逼宫,婉容随溥仪出逃来到天津,随后又来到东北长春。此时的溥仪成为满洲执政府的傀儡,他对婉容更是置若罔闻,不闻不问。同时,婉容的行动也受到了日本人的严密监视和限制,这一切使婉容的身体和精神处于崩溃的边缘。最终，婉容只能在鸦片的作用下寻求心灵的解脱。

1933年秋末，婉容经常觉得身体不舒服，时时欲呕，而且特别想吃酸味水果。专门伺候婉容的太监孙寿、赵荣升在每天例行的向溥仪汇报"皇后"的衣、食、住、行情况时，向溥仪通报了这个情况。

溥仪对"皇后"的反常十分奇怪，就向乳母王焦氏描述了婉容的种种不适。不料，乳母听后欣喜若狂，急忙跪拜在地上向溥仪祝贺道："恭喜皇上，贺喜皇上，皇后这是有喜了，愿上天降一皇子，以继承……"

"继承个屁！"溥仪怒不可遏地打断了乳母的话。他的言行令乳母十分震惊，她怎么也不明白，同治和光绪两代均没有后嗣，如今"皇上"在年近30岁的时候，听到"皇后"有喜的事，应该喜不胜收才是呀，为什么会如此动怒呢？乳母忍不住又试探着说："皇上，皇后周身不适、呕吐、想吃酸的，这些都是喜兆。"听此，溥仪更加生气："住嘴！朕不信这些鬼话！这件事只有你知道，不许对任何人讲，不许张扬，听见了吗？"乳母被溥仪严厉的语气惊呆了。她隐隐约约地感到这其中肯定有什么难言之隐，而溥仪只是不停地在屋内踱来踱去，犹如一只困兽。

就连乳母这样溥仪最贴身的侍人也不知道，自幼寄身于腐烂的宫闱之内，溥仪早已伤了身体，构成男性生理缺陷。即使他曾长期注射男性激素，也无法补救。为掩饰自己的缺陷，溥仪以"朕"是"天子"，不过凡人生活，非到时日而不能轻动为

△ 溥仪与婉容

托词，避免和婉容过正常的夫妻生活，这也是造成婉容心情苦闷的最直接原因。久而久之，婉容便与从十几岁起便一直跟随在她和溥仪身边的随侍祁继忠和李体育发生了暧昧关系。

溥仪在暴怒之下，亲自打电报给留守在天津办事处的溥修，让他请来天津德国医院的白大夫。白大夫对婉容进行了全面的诊察，果然发现她怀有身孕。事情败露后，婉容呵退左右侍女，不惜双膝跪在地上哀求白大夫为她严守秘密，保住腹中的胎儿。但是，白大夫怎么敢对溥仪隐瞒真情呢？他如实向溥仪作了报告。

在溥仪的严厉逼问下，婉容吐露了她与人私通的真情。真相大白后，溥仪赶走了李体育，开除了已送去日本留学的祁继忠。就连陪伴婉容的傅妈和侍女张春英都遭到了责罚。最后他计划秘密"废后"，以携带婉容去旅顺避寒为借口，把她甩到外地去。但是，终因婉容坚决不去而使计划告吹。

但是，溥仪心中的一股怒气难以消弭。他令司房总管严桐江用一块屏风将他的"寝宫"与婉容的"寝宫"分成两部分。除了伺候婉容的太监、仆妇、侍女外，任何人不经溥仪的批准，不能与婉容会面。为了泄愤，溥仪还提出要与婉容离婚，废掉婉容的"皇后"封号，后因日本人的干涉而未能实现。

为了肚子里那个即将问世的无罪婴儿，婉容也曾泪流满面地跪在溥仪面前，哀求他宽恕，请求他的承认。但是，溥仪这个高高在上的"天子"怎么能承认凡人之身是他的"龙种"呢？

△ 婉容

最后，溥仪勉强同意孩子生下后，送到宫外，由婉容的哥哥润良负责雇佣保姆抚养。可是婉容满怀欣喜地生下一个女孩后，这个可怜的孩子存在了还不到半个小时，就被残忍地送到内廷东侧的锅炉房焚烧了。

始终没有人告诉可怜的婉容事情的真相。她还每月按时向哥哥支付着女儿的抚养费。但是，这种爱女被夺走、丈夫虽然近在咫尺却如远在天边，亲人们同在一城却难得相见的不堪忍受的"囚禁"生活，最终把婉容逼疯了。她已经不懂得梳洗打扮，整天喜怒无常。唯有一个习惯还保留着，就是每天还要吸鸦片。婉容被关在屋子里与外界隔离起来，溥仪派了两名太监和两个女佣伺候她，病得最严重时两腿已不能下地走路。由于长久关在房子里，本来就有目疾的婉容，眼睛更见不得光亮，要用扇子遮着从扇子骨的缝隙中看人。

后来，当婉容得知孩子已经死了的消息时，她再也经受不住这沉重的打击，精神彻底崩溃了。从这天起，她时哭时笑，时骂时闹，不梳头、不洗脸、不更衣、不沐浴。……昔日那个明眸皓齿，活泼好动的小女孩就这样凋零了。

1946年，随着日本人的投降，撇下了一大群的皇亲国戚，溥仪这个"儿皇帝"也仓皇出逃了。在随解放军转移到吉林延吉的监狱后，孤苦伶仃的婉容终于结束了她的一生，随后尸骨不知去向。

蔡锷将军离京之谜

　　想当年，蔡锷将军首揭护国倒袁大旗，功在史册。但他如何潜离京师，多说是得到京城名妓小凤仙之助，遂演成一段佳话。然而符致兴先生却通过考证，认为另有隐情，写下《蔡锷离京并非小凤仙之助》一文，以正视听。

　　符先生主要依据是美国作者艾伯特所著的《端纳与民国政坛秘闻》一书，端纳程华多年，先后当过袁世凯、张学良、蒋介石的顾问，可以说是中国现代历史的见证者。在他晚年，许多外国书商曾许以厚酬，请他写出在华经历，由于不想"得罪的人太多"，端纳一再放弃撰写回忆录的打算。直到身患绝症，才听从朋友的劝告，断断续续口述了他在中国的经历。而关于蔡锷将军的回忆，虽然语焉不详，但毕竟为蔡锷离京出走之谜提供了关键性的线索。其主要经过如下：

　　端纳大约在1912年前后与妻子离异，住在北京东城胡同一座宽大的宅院里，由于他善于交际，对中国革命抱有同情，他的居所也常成为失意政客和革命志士的聚会之处。1913年，蔡锷从云南进京后，始知袁世凯不是共事之人，进而发现袁氏热心帝制，遂秘密联络西南各方，准备护国讨袁。但袁世凯也是一代枭雄，对蔡锷防范甚严，平时派暗探跟踪监视，1915年10月，还借故抄了蔡锷在北京的寓所。为了释袁氏之疑，蔡锷故作消沉，一有机会便往京城名妓小凤仙所在的前门陕西巷云吉班放歌纵酒，也常到离家不远的端纳住处畅谈时事。至于他们何时结下深厚友谊，以使端纳不惜冒险掩护蔡锷离京，因为端纳没有细说，到现在已是一个谜了。

　　1915年12月1日上午，端纳邀同好友、时任北京美孚石油公司总经理的孙明甫前往演乐胡同蔡锷将军的寓所，显然事先有约。端纳把孙明甫一人留在客厅，单独与蔡锷在里屋长谈，讨论南方起兵反袁事宜。两位客人离开蔡宅不久，就有袁世凯的侦探出现。不多一会儿，蔡锷还是像往常一样，乘坐四轮轿式马车大摇大摆向前门八大胡同驰去，那是京城妓院的聚集地。到了陕西巷，只见车水马龙，原来是云吉班掌班的生日，不少在这里赏秦楼明月的达官贵人纷纷前来助兴。蔡锷下了马车，来到小凤仙订好的房间，屋子里已经摆好了酒菜，两个人从容坐下，把酒言欢。与往常不一样的

△ 蔡锷将军

是，蔡锷把怀表掏了出来，放在圆桌上，显然心中有事。

其实此时蔡锷已定下脱离京城之计，但他明白，自从上个月送走家小，又赴天津会见老师梁启超之后，袁世凯对他更不放心了，不但袁世凯的密探如影随形，对他盯得正紧，就是云吉班中也有袁世凯的耳目，他的一举一动都受到监视。酒过数巡，天色已晚，趁着院内众客余兴未尽，闹得乱哄哄之际，蔡锷佯装如厕溜出院外。袁世凯的密探见蔡锷的呢帽大衣还在原处，料他不会走远，也就坐着不动，放心地跟客人凑趣胡闹。

出了云吉班，蔡锷不往崇文门火车站，而是折回城内，拐向西华门大街，闯进"筹安会"头目杨度的宅院。蔡锷一下子把他拉进里屋，直截了当地表示，自己不愿再充当傀儡，决定引身他去，并劝杨度不要再为袁世凯帝制鼓噪，应该悬崖勒马，早日引退。斯言一出，吓得杨度目瞪口呆，他不知道蔡锷在将军府带头签名"赞成"帝制只不过是一种欲取先予的策略，一直以为蔡锷是推行帝制的同道，曾一再向袁世凯吹嘘和推荐，根本想不到这位朋友加同乡果然是别人早有怀疑的倒袁分子。面对这位前来进临别赠言又最

后摊牌的将军，杨度无言以对，只是生怕隔墙有耳。恰巧这时男仆报告，大总统秘书夏寿田来访，杨度和蔡锷都大惊失色，因为夏寿田是袁世凯的心腹，又是杨度的亲戚，可以随便出入杨家内外。幸好杨度夫人徐氏急中生智，把蔡锷拉进卧室，藏在大床的帐子后面。好容易等夏寿田告辞，杨度设法将蔡锷送回家中，却见门外仍有便衣逡巡，处境险恶。蔡锷打电话给端纳求救，端纳当即吩咐仆人，一起驾着马拉轿车来到蔡府，在夜色掩护下他们让蔡锷藏在洗衣篓里，抬上马车，直奔崇文门火车站。因为这个车站专供外国人使用，所以不受中国当局检查。端纳利用自己的特殊身份，像一年多前帮助参议院副议长王正廷离京出逃一样，亲自护送蔡锷登上火车直达天津，后又联系上一位船工，直到把蔡锷带上一艘日本轮船，端纳才打道回府。

此时在云吉班，密探们发现蔡锷一夜未归，连忙推醒仍在马车中苦候的车夫，睡眼惺忪的车夫连连摇头，不知主人何在。再冲到院内找小凤仙，也是一问三不知。这时他们才感到事情不妙，飞报公府，侦骑四出，却为时已晚。

端纳这事做得很巧妙，几乎无人知晓，直到蔡锷在云南举起反袁大旗，他的好朋友孙明甫还蒙在鼓里，以为蔡锷还在京城，所谓的云南义军只是有人在借用蔡锷的名义。于是端纳肯定地告诉他，蔡锷早就离京，而且就是他把蔡锷送出去的。

"火烧赵家楼"的点火者之谜

1919年4月底，中国代表在巴黎和会失败的消息传来，国人大哗，群情激奋。5月4日，北京各校爱国学生为抗议北洋军阀的卖国行径，游行示威，他们火烧赵家楼，痛打章宗祥，引发了震惊中外的"五四"爱国运动。赵家楼的烈火拉开了中国新民主主义革命的序幕。

然而，人们至今对火烧赵家楼的细节还不清楚，尤其是谁放火烧毁了赵家楼曹汝霖的宅第，仍是众说纷纭，莫衷一是。

让我们来回顾一下历史片断：1919年5月4日下午，北京十三所学校约五千多人，因巴黎和会及取消了《二十一条》等问题举行游行示威，并冲击时任交通总长的曹汝霖住宅赵家楼。其实这是一个策划好的行动，据当事人之一的俞劲回忆："五四运动的前两天，少年中国学会、爱国会、国民杂志社三个团体的少数成员，大约二十余人（尽我的记忆所及，大都是湖南人和江西人，有匡日休、夏秀峰、易克嶷、熊梦飞等），在高工或北大理学院（现在想不起到底是哪一场所）开了一个秘密会议。与会者异常愤慨，有主张暗杀卖国贼的，有主张实行暴动的。最后决定派人密查卖国贼曹汝霖、章宗祥、陆宗舆等人行踪，并准备于5月4日那天采取行动，这是五四前夕秘密会议的大概。这一会议，可以说是痛打章宗祥、火烧赵家楼的准备战。1919年5月4日上午10时左右，各校学生约六七千人，在天安门前集会……大会后，队伍……出发，依照大会决议，应向总统府去请愿，但走在队伍前面的人（有些是参加五四前夕秘密会议的），却有目的地引导队伍浩浩荡荡向赵家楼曹汝霖公馆走去。"

以上记载与中共北京市委党史研究室编写的《北京革命史话》基本

一致：

北京高师的学生们异常激动，决心用实际行动进行反抗。学生领袖匡互生遂与国立八校的湖南籍学生二三十人组成秘密小组，策划行动。5月3日晚，在校操场北角一间小屋里聚集了十几位工学会主要成员：匡互生、周予同、杨荃骏、俞劲、周为群等人，经过几番商讨，决定采用激烈的手段惩治卖国贼。主要以曹汝霖、章宗祥、陆宗舆为目标，首先将他们打死，哪怕打倒一个也好。大家分头准备各自的任务：有的去调查曹汝霖、章宗祥、陆宗舆的住址和行踪；有的去准备放火用具；有的去设法搞到曹汝霖、章宗祥、陆宗舆三贼的照片，以便对证。有的准备旗帜和标语。匡互生誓言要作"流血大牺牲"。

队伍到了赵家楼后，因为公馆紧闭，学生拥挤在门口，据俞劲回忆说："这时突然有领队某君（参加五四前夕秘密会议人员之一，湖南人，高师数理部学生，曾习武术，臂力过人），奋不顾身，纵步跳上右边小窗户……便不顾一切跳下去，迅速而机警地把大门打开，于是大队学生蜂拥而入。"

这位"某君"指的就是匡互生，但也有其他说法，北高师的陈荩民和北大的许德珩都说是踩着匡互生的肩膀跳进窗内的。总而言之，匡互生是勇闯赵家楼的重要角色。

接下来就是举世闻名的"火烧赵家楼"了，但因为场面混乱，谁是点火者至今尚是疑问。但有一点，肯定是北高师的学生。北大中文系教授陈平原和夏晓虹主编的《触摸历史——五四人物与现代中国》一书写道：

如此巨大的光荣，似乎没有其他学校的学生前来争领。历来自居老大的北京大学，对此事也只能含糊其辞；甚至还出现了北大中国文学院学生萧劳也都站出来作证，将"放火"的光荣拱手相让："我行至曹家门外，看见着长衫的两个学生，在身边取出一只洋铁扁壶，内装煤油，低声说'放火'。然后进入四合院内北房。将地毯揭起，折叠在方桌上面，泼上煤油，便用火柴点着，霎时浓烟冒起。我跟在他们后面，亲眼看见。大家认得他俩是北京高等师范的学生。"

俞劲也在现场，是目击者，他说得很清楚，那位放火的人就是匡互生。他说："大约到了天将黑的时候，忽然黑烟从后进房院升起，一会儿火势熊熊地蔓延开来，我们广大青年群众痛快淋漓地高呼口号而散……这场火究竟怎样起的？当时知道的人不多。放火的也就是那位跳窗户开大门的某君。当时队伍在大街游行的时候，我和某君同在队伍前面，他要我快跑去买盒火柴，我知道他不吸烟，干吗要火柴？但立刻体会他要买火柴的意图，便迅速地离开队伍买了一盒给他。这盒火柴果然得到了妙用。这就是……*火烧赵家楼的情形*。"

俞劲将光荣给了匡互生，"北京师范大学同学通讯辑刊"中也采此说，从进入曹宅后，"匡互生取出准备好的火柴，和周予同一起撕下床上的帐子。这时担任此次示威指挥的北大学生段锡朋看到，立即过来阻止说：'我负不了这个责任！'匡互生说：'谁要你负责任，你也确定负不了责任。'说着，即将火柴点燃，熊熊怒火和着学生们的愤怒冲天而起"。

这一说法得到了大家的公认。但最近俞劲的外孙王立翔先生提出了自己的观点，他在《火烧赵家楼的点火者—俞劲》一文中认为，火烧赵家楼的点火者应该是自己的外祖父俞劲，他举出的证据十分有力，出自于北高师学生张石樵的自述，他也是现场的当事人，自称"亲眼看到北京高师一同学用煤油把房子点着了，我还添了一把火，赵家楼顿时火起……至今仍有不少人误把匡互生说成是烧国贼的放火者，这应该加以更正，真正放火者为俞劲(又名慎初)。我们不能为此而改写历史"。

说点火者非匡互生所为还有一条佐证，因为匡互生本人也有相关文章留世，他在1925年写下了《五四运动纪实》，只提学生放火是"以泄一时的愤怒"，而没说火是谁点的。

因此，"火烧赵家楼"的点火者究竟是谁至今未能确定。

究竟是谁领导了武昌起义

　　武昌起义是清宣统三年八月十九日（1911年10月10日）在湖北武昌发动的一次成功的起义。是年为农历辛亥，故又称辛亥武昌起义。

　　宣统三年（1911年）清政府借实行铁路国有的名义，将民办的川汉、粤汉铁路收归国有，并以铁路修筑权为抵押，向英、法、德、美四国银行团借款，激起川、鄂、湘、粤各省人民的反抗。四川成立保路同志会，举行请愿，遭到镇压，后发展为各县人民的武装反抗。清政府派川汉铁路大臣端方从湖北率新军入川镇压保路运动。在同盟会的影响下，早已在湖北新军和会党中积蓄了力量的"文字社"和"共进会"于八月统一组织了起义的领导机构，共推蒋翊武为临时司令，孙武为参谋长，决定10月6日起义，因计划未妥改为10月11日起义。但因起义前两天起义领导机关暴露遭破坏，形成群龙无首，形势紧迫。在此紧急关头，10日，新军中革命党人主动联络，决定按原计划立即起义。当晚工程营、辎重营先后发难，熊秉坤率队占领楚望台军械局，推左队队官吴兆麟为临时总指挥，各营纷纷响应起义，指挥队伍向总督署和第8镇司令部进攻，湖广总督瑞澂、第8镇统制张彪逃走。11日，黎明占领武昌，汉阳、汉口相继收复。革命党人发表宣言，改国号为"中华民国"，号召各省起义。在之后的两个月内，湖南、陕西、江西等13个省相继宣布独立，形成全国规模的辛亥革命。

　　然而武昌起义是谁领导的？至今仍有争论。

　　一说，"中部同盟会直接领导，文学社、共进会直接推动"。此说认为中部同盟会，特别注意了对长江流域革命形势的推进，谭人风、宋教仁是中部同盟会的主要活动分子，他们秘密来往于沪汉间和孙武、居正等商讨进行办法，于是文学社和共进会事实上成了中部同盟会的分机关。

一说，"文学社、共进会共同领导"，持此论者认为武昌起义是文学社和共进会联合领导的。在武昌起义酝酿时期的前期，同盟会与文学社、共进社，基本没有什么联系，更谈不上领导与被领导的关系。后期湖北革命党人争取同盟会的领导，但同盟会领导很不得力，遇事犹豫不决，只是在两个团体联合上做了些斡旋工作而已。

究竟谁是这次起义的领导已经争议了80多年了，该是世人揭开谜底的时候了！孙中山为什么要"让位"给袁世凯？

1912年4月1日，任中华民国临时大总统仅3个月的孙中山，自行解除了职务，把政权交给了袁世凯。这是关系辛亥革命成败的重大事件。可孙中山为什么要这样做呢？是"妥协退让"还是"不可避免"呢？

有人认为，"让位"是孙中山的妥协退让，是中国资产阶级软弱性的表现。当时南京政府从中央到地方，从派系到政界，认为只有利用袁世凯于革命更有利，而西方列强又支持和扶植袁，把他看做新的代理人。妥协，事实上已经成为潮流。革命党内大多主张妥协，中外反动派又勾结起来，一致夹攻孙中山，要他接受袁世凯的讲和条件。在这种情况下，孙无力改变革命党的日益涣散状态，又不敢得罪帝国主义，只得步步退让了。孙对袁虽也作过一些力所能及的斗争，但妥协潮流不可逆转，最终孙把政权拱手让出，使革命遭受严重挫折。孙后来自己也认识到这种妥协的错误，这说明软弱的中国资产阶级没有力量领导民主革命走向彻底胜利。

有人则认为，"让位"在特定的历史条件下是不可避免的，归咎于孙中山个人的失策是不公允的。当时，中国资产阶级没有得到充分发展，十分软弱无力，它的核心力量——同盟会，在政治理论上非常幼稚，在组织上也松散庞杂；而地主阶级反动势力以及反对派的力量异常强大，虚伪狡猾、拥有实权的袁世凯成了反动势力的核心。孙中山的让位，就是在这样的阶级力量对比下酿成的。孙当选临时大总统之初，主张让位的空气就笼罩了革命党人。有的吹捧袁世凯，咒骂孙"有权利思想"；有的想依靠袁世凯来推翻帝制；有的希望借袁世凯之手，以达革命的目的。加上地主阶级反动势力在社会上呼风唤雨，推波助澜，立宪派从内部施加压力，帝国主义也大造支持袁、反对孙中山的舆论，还图谋干涉。在这样复杂的形势下，孙中山除了"让位"已别无选择。

△ 武昌起义

还有人认为，孙中山"让位"，袁世凯取得临时大总统席位，是由各种复杂因素所造成，帝国主义对袁世凯的支持则是决定的因素。早在武昌起义前，袁世凯就形成了自己的政治和军事势力。武昌起义后，袁世凯的心腹控制了清的军政大权。帝国主义看中袁世凯，把他作为自己的代理人，对袁世凯竭力支持不仅促使载沣起用了他，还是袁世凯取得临时大总统的最有力支柱。这是因为自甲午战争以来，帝国主义与中华民族的矛盾不断加剧成为中国近代社会的主要矛盾。中国资产阶级的两个政治派别——革命派和立宪派，害怕帝国主义干涉中国革命。帝国主义列强的态度，对中国各派政治力量有很大的影响。"南北议和"的过程，就是袁世凯窃取临时大总统的过程。这个"议和"，一开始就是袁世凯与朱尔典密商后，由英驻汉口总领事传话，向各省都督代表提出的。帝国主义不仅在整个议和过程中为袁世凯密谋策划，还公开告诉革命党人，只有让袁世凯当大总统方能得到它们的认可。为避免帝国主义的干涉，革命党人自然只有赶紧让袁世凯出来做总统，以便尽快结束战乱。

康有为、梁启超为何分道扬镳

1890年，刚满17岁的年轻举人梁启超拜师于布衣康有为门下，并且成为康有为最得意的学生。然而曾几何时，师徒断然绝交，最后竟发展至相互公开指斥。昔日相濡以沫、生死相依之师徒，何以竟分道扬镳、视若水火呢？这实在是近代史上令人惊诧的、极富戏剧性的事件，因此也就引起了人们的种种猜测和研究。

有些学者认为，梁启超受外界影响很大。梁启超在湖南办时务学堂时，与谭嗣同、夏曾佑在一起，每天总要大吵一两场，"十次有九次"被对方屈服，表明他受夏曾佑、谭嗣同等人影响很大。又听了黄公度、严幼陵的"教不可保"之说以后，便渐渐改变了先前的保教态度。

又有一些学者指出，康梁对形势的理解和对一些重大问题的看法差异颇大。关于辛亥革命，康有为以清遗臣自居，以复辟为己任，对辛亥革命和中华民国一贯抱敌视态度。而梁启超则不那么顽固，从日本回国后即宣称："于国体则承认现在之事实，于政体则求贯彻将来之理想。"关于护国之役，康梁都反对袁世凯称帝，但康有为之反袁世凯是为达到虚君立宪目的，而梁启超之反袁世凯是为保全共和政体。有人劝梁启超顾及师生之情，梁启超表示："师弟自师弟，政治主张则不妨各异，吾不能与吾师同为国家罪人。"致使康有为、梁启超完全处在对立地位，"师弟成仇，康氏至诋梁为枭獍"。

也有学者认为，康有为、梁启超的政治思想颇有不同。一种意见认为，戊戌前，梁启超并无异于康的理论和主张。另一种意见认为，戊戌前康有为、梁启超的变法思想就有不一致之处，如梁启超给陈宝箴上书中，将民权、绅权并重，把民智、绅智、官智并列，而康有为则只注重君权作用。至于戊戌时期，有学者认为，康有为锐意于官制改革，梁启超注重民主启蒙；康有为始终坚持君民共主，梁启超一度主张民主革命；康有为反对地方自立，梁启超主张地方自立；康有为热衷"托古改制"，梁启超不满"托古改制"；康有为喜言保教之说，梁启超腹诽保教之说。总的说来，梁启超的思想比康有为激进。

还有学者注意分析了康有为、梁启超学术思想歧异对于二人分道扬镳的影响。早在1894年，梁启超在学术方面已与康有为有分歧，梁启超自述："启超治伪经考，时复不谦于其师之武断，后遂置不复道，其师好引纬书，以神秘性说孔子，启超亦不谓然。""启超自三十以后，已绝口不谈'伪经'，亦不甚谈'改制'。"

还有的学者考察了康有为、梁启超的个人性格等特点，指出：康有为年长，阅历丰富，比较老成；梁启超年轻，阅历浅，容易激动。特别是康有

△ 康有为和梁启超

为的思想在戊戌之前已自成体系，而梁启超则无体系。梁启超自称"流质善变"，"不惜以今日之我与昨日之我战"，因而一变再变。而康有为却不变，常言"吾学三十岁已成，此后不复有进，亦不必求进"。

有学者指出，康有为、梁启超从携手到分裂也体现了历史的必然，他们的思想分歧不只是师徒个人意见的分歧，而且也是改良派内部思想分歧的表现。可见，康有为、梁启超的分道扬镳深深打着时代的印记，有着错综复杂的政治原因。

武昌起义后，黎元洪是被迫成为鄂督的吗

1911年10月10日晚，武昌革命化的新军鸣枪起事，以彻夜苦战、攻占督署的战绩，宣告了首义的胜利。翌日下午，武昌城内外就贴出"中华民国军政府鄂军都督黎"的布告。

辛亥革命首义取得成功，照理说应该推选一个有才干、孚众望的革命中坚人物出来担任新政权的首领，以便把革命进行到底。但湖北的革命党人却拉出一个与革命毫无渊源，且一直视革命为大敌的旧军官黎元洪来作为军政府的都督。关于此事之始末，外间传说不一，至今几成疑案。

有人说，黎元洪成为鄂督是立宪派策划和倡议的结果。参加武昌首义的同盟会员温楚珩曾记载道，在确立都督人选时革命党人毫无远见，且被胜利冲昏了头脑，汤化龙、胡瑞霖、李国镛、饶汉祥、孙发绪等人一推戴黎元洪，即群相附和，以为旧日官僚、政客、进士、举人都富有经验学问，而自觉能力薄弱，资望不够，盲目赞同。

据张难先《湖北革命知之录》记载，举黎元洪为都督，是刘赓藻在10月11日的咨议局联议会议上提议的："统领黎元洪现在城内，若合适，当寻觅之。"当时"众赞成，蔡济民率少数同志，偕刘往"。

也有学者说，是革命党用刀枪逼黎担任都督的。被孙中山先生谓为"以第一枪发难"的首义志士熊秉坤在《辛亥首义回忆录》第一辑记述了这样一件事情：

10月11日上午，枪声停息，革命党人聚集商建军政机构，欲推一德高望重、为全国所知的人为领袖。他们找议长汤化龙，汤说："革命事业，鄙人素表赞成，"但"此时正是军事时代，兄弟非军人，不知用兵"。于是，改推黎元洪。黎元洪已换上便衣，躲藏在部下刘文吉家里。找到他时，他吓得浑身打战。被胁持送到咨议局，与会诸人鼓掌欢呼。这时当告知要他出任都督时，黎元洪面色苍白，大喊："我不能胜任，休要害我！"黎元洪这种消极抗拒的态度激怒了周围的革命党人，他们气愤地骂道，"黎元洪不识抬举，是清朝的忠实走狗"，"干脆给他个枪子儿吃算了"。在场的李翊东也大怒，他举枪对着黎元洪吼道："你本是清朝奴才，当杀！我们不杀你，举你做都督，你还不愿意。你甘心做清朝奴才，我枪毙你，另选都督。"说着就要扣动扳机，吓得黎元洪面无人色，出了一身冷汗。后来李翊东干脆拿起笔签了一个"黎"字，说："我代签了，看你还能否认不成！"于是，《"中华民国"军政府鄂军都督黎布告》贴遍全城。

由此可见，当时黎元洪当选都督实属无奈。

也有人认为黎为鄂督，既非立宪派人的阴谋策划，亦非革命党人临时以刀枪逼迫，而是在首义之前革命党人就有提议黎元洪为鄂督的讨论。据万迪庥的回忆，辛亥三月，革命党人在武昌洪山宝通寺召开了一次会议，有人问及："黎非同志，何以推之？"蒋翊武解释，时鄂人有声望者如吴禄贞、蓝天蔚皆在北方。现在同志，多为兵士，人微言轻，难以震慑。推选理由有三：

第一，黎元洪乃鄂军名将，可增声威，震慑清廷，号召天下；

第二，黎元洪为鄂人，素得民心、军心，可号召部属、军民参加革命；

第三，黎元洪多次保护革命党人，革命党人易与之合作。

有此三点，拉他进来，革命必易成功。只要革命成功，何惜一都督之位？

显然，黎元洪出任都督的因素，实际上是早已蕴蓄在历史进程的内在联系之中。

总之，黎元洪究竟是怎样成为鄂督的，众说不一，但多数人认为，黎元洪的确是被革命军逼上梁山的，但是谁倡议或逼其就职的，便成为一个难解的谜团。

《二十一条》被泄露之谜

1914年7月，第一次世界大战爆发。欧洲的一些主要帝国主义国家忙于欧战，无暇顾及远东地区的利益。日本利用这一形势，趁机加强在华的扩张，企图排斥其他帝国主义国家，达到独霸中国的目的。早在大战爆发前夕，日本参谋本部就已获得情报，得知袁世凯确有复辟帝制的野心。所以这一阶段，日本帝国主义很注意加强与袁世凯身边一些人的联系，以了解袁世凯的想法，掌握袁世凯的动向。

8月1日，德俄宣战；3日，德法宣战；4日，德英宣战。7日夜，日本内阁召开紧急会议，决定对德宣战。外务大臣加藤高明认为：驱逐德国在远东的势力，是符合实际的良策。8月15日，日本政府对德国提出最后通牒，要求在9月15日前，无条件地将德国在胶州湾租借地交付日本，同时撤走德国在中国海面上的军舰，否则立即解除武装。

德国虽然无法采取强硬态度，然而还是拒绝了日本的要求。8月23日，日本宣布对德国宣战。之后，日军在山东半岛龙口登陆，德军在做了象征性抵抗后投降。日军占领青岛，接管了整个德国租借地，控制了胶济铁路。就在袁世凯紧锣密鼓地进行帝制活动之时，日本决定以此为契机，从中国索取更多的利益，以便达到全面控制中国的目的。

1915年1月18日，日本驻华公使日置益秘密会见了袁世凯，面交了所谓的《二十一条》。当日置益陈述完《二十一条》的基本内容后，袁世凯十分吃惊，神情严峻地回答说："此条款请与外务部会商。"日置益要求尽快结束谈判。

《二十一条》内容共分五号。第一号（四条），承认日本继承德国在山东的一切特权并加以扩大；第二号（七条），承认日本在南满和内蒙东部的各项特权；旅顺、大连的租借期和南满、安奉两铁路期限延至九十九年；第三号（二条），中日合办汉冶萍公司；第四号（一条），中国沿海港湾、岛屿不得租借和割让与别国；第五号（七条），中国政府聘用日本人为政治、经济、军事顾问，中日合办警察和兵工厂，承认日本在武昌、九江、南昌及杭州、潮州间的铁路建筑权等。

显然，《二十一条》是一份赤裸裸地暴露日本政府狼子野心的大计划。由于担心消息外泄，引起其他列强国家的不满和干涉，日置益在临走时威胁说："如秘密（指《二十一条》）泄露出去，日本当断然采取行动。"

但是，《二十一条》的内容很快就在美国报端上公布出来。日方大为恼火，质问袁世凯政府，而在袁政府方面，自然竭力否认和洗刷自己，还找出一个替罪羊来。于是在事发后不久，秘密警察就逮捕了袁世凯的首席秘书沈祖宪，咬定是他泄露了机密。

几十年后，桑盛廷先生曾采访过沈祖宪之子沈伯乐，并写成"沈祖宪案内情"一文。据沈伯乐称，其父当年遭捕的原因"是为了泄密《二十一条》的事"。因为沈作为袁世凯的秘书，《二十一条》曾由他保管过，所以难脱嫌疑。沈祖宪在关押期间，曾向法庭问过自己所犯何罪，回答云：泄露《二十一条》，私通孙中山。但是由于证据不足，沈祖宪最终无罪而释。

也有持另说者，认为泄密之事乃两位外国记者所为，即民国时期活跃在中国政治舞台上的莫里循和端纳。孟国祥先生在《米字旗下的中国朋友——端纳顾问秘闻》一书中很形象地描述了端纳得到《二十一条》的经过：1915年2月10日那天，端纳去袁世凯顾问莫里循住处，在莫里循去书房时，发现莫里循有意识在一叠文件上轻按了一下，然后端纳支开用人，乘机将那份文件抓进口袋。回到家后，发现那份文件正是《二十一条》的全译本。于是他以最快的速度给《泰晤士报》发去电稿，全文共计318个字，"已经把最完全、最真实的消息送回国"。但是，莫里循是如何搞到《二十一条》副本的？孟文也作了分析，认为这可能是袁世凯在打"英美牌"，用英美来牵制日本。

在1月18日晚上的紧急会议上，袁世凯认为，"各条内容有干涉内政，侵犯主权之处，实难开议"，于是决定"逐条谈判"的交涉方针。然而面对日方的咄咄逼人之势，他会考虑"以夷制夷"的手段的。有可能是他有意识向莫里循泄密的。让人感到疑惑的是：这样一个复杂的谈判条款，怎么会以318个字就能说清楚，何况是逐条谈判的呢？

前几年，国内出版了民国时期的资深外交家顾维钧的回忆录。据顾维钧回忆：袁世凯在日置益提出《二十一条》后，就立即召开了内阁紧急会议，做出了一个重要的决定，即让外交总长孙宝琦辞职，任命职业外交家陆徵祥为外交总长，与日本进行谈判。之后，袁世凯单独召见了陆徵祥，指示他尽量拖延时间。果然，日本方面要求天天谈，陆徵祥提出每周一次，最后达成妥协为每周会谈三次。为了获得国际对中国的支持，袁世凯决定不顾日本的威胁，将《二十一条》的内容泄露给美、英等大国。

△ 袁世凯

在得到袁世凯和陆徵祥的授意后，外交部参事顾维钧在每次谈判后的当天下午或第二天清晨，就去见美国公使芮恩施和英国公使朱尔典，向英、美汇报谈判情况。美国新闻界得到《二十一条》后，立即予以公布。消息传出后，迅速引起世界舆论的关注，更是深深地震惊了美国政府。

谜底终于揭开了，原来最早向全世界披露《二十一条》的是美国，而授意泄露《二十一条》内容的则是袁世凯本人，陆徵祥参与其事，顾维钧是具体执行者。问题是袁世凯为什么要指示陆徵祥、顾维钧等人把《二十一条》的内容泄露给新闻界呢？

袁世凯之所以采取拖延的策略，还是沿袭李鸿章"以夷制夷"的外交方针，本意是想利用帝国主义之间的矛盾，借助英美的力量牵制日本，以便在复辟帝制的问题上少付出一些代价。

美国政府在得到《二十一条》的消息后，确也向日本施加过压力。首先，美国政府通过日本驻美国大使，将美国的立场通告日本政府；美国还向英国、法国和俄国提议，共同干涉中日交涉，却遭到三国的拒绝。尽管这样，袁世凯还是没有完全达到目的。1915年5月7日下午3时，日本公使日置益向中国外交部递交了最后通牒，限四十八小时"照4月26日提出之修正案所记载者，不加以何等之更改，速行应诺，帝国政府兹再重行劝告，对于此劝告，期望中国政府至5月9日午后6时为止，为满足之答复；如到期不受到满足之答复，则帝国政府将执认为必要之手段"。

5月8日，英国公使朱尔典访晤陆徵祥，力劝中国接受《二十一条》。最终袁世凯以"我国国力未充，目前尚难以兵戎相见"为由，决定忍辱接受日本的最后通牒。

5月9日，接受了丧权辱国的《二十一条》。25日，《二十一条》由外交总长陆徵祥与日本公使日置益在北京签字及交换。这样，不仅袁世凯为国人憎恶和唾骂，而且参与签订《二十一条》的陆徵祥也成为众矢之的。

孙中山在致北京学生的信函中一针见血地说："袁世凯以僭帝位之故，甘心卖国而不辞。"道出了袁世凯接受《二十一条》的实质。由此，我们对袁世凯也多了一层更深的认识，贼喊捉贼是他的惯用伎俩。

叶名琛的被捕日期之考

在第二次鸦片战争期间，两广总督叶名琛被英国侵略者所俘，成了清代封疆大吏中唯一当了西方侵略者的俘虏而客死异国的人。叶名琛被生擒后随即囚禁于英国军舰"无畏号"，48天后又被送至印度加尔各答。在囚禁加尔各答的头几个月，他以苏武为榜样，"留胡节不辱"。当这种办法没有效果时，他便效法伯夷、叔齐，俟自带食物用尽，便绝食而死。1859年叶名琛尸骨运回国内不久，广东就有人讥嘲他"不战不和不守，不死不降不走，相臣度量，疆臣抱负，古之所无，今亦罕有"。综合国内出版的有关史料记载，叶名琛被俘日期有三种说法。

一日说：1858年1月4日被俘说。持此说者主要是20世纪初期充任中国海关税务公司的赫德助手、美国历史学家马士。

二日说：1858年1月5日被俘说。持此说者为数较多。此说中西史料均有记载，且有当事者的记载。叶名琛被俘后，正被英国侵略者拘禁中的广州将军穆克德讷、广东巡抚柏贵等联衔上奏清廷，奏折中称："忽于二十一日（即1858年1月5日）该夷突至奴才双禧衙门，将督臣拉赴夷船。"

三日说：1858年1月6日被俘说。持此说者虽不是当事人或目击者，但却都是叶名琛同时代人，因此对此说不能弃之不顾。时任湖南巡抚骆秉章得悉叶名琛被俘后，奏报清廷称："外间纷传两广督臣于十一月二十二日（即阳历1月6日）已赴夷船未归，广州将军、都统、抚臣曾为夷人邀往观音山。"（《筹办夷务始末》，咸奉朝，卷十七）

中西史著述说叶名琛被俘日期有上述三种说法。但到底那个正确，还有待人们继续考证。

康有为"围园劫后"之谜

　　光绪二十四年（1898）的"百日维新"，以光绪皇帝被囚禁南海瀛台完全失去自由宣告结束，倡导变法维新的主将康有为、梁启超被迫逃往日本；以谭嗣同、林旭、杨锐、刘光第、杨深秀、康广仁"戊戌六君子"惨遭顽固派的杀害。事后，清政府指责康有为犯有"谋围颐和园，劫制皇太后"的罪名，并加以通缉追捕。

　　关于围园劫后密谋，当事人留下的史料很少。最先披露这一密谋的是清政府在处死谭嗣同等"戊戌六君子"之后，于光绪二十四年（1898）八月十四日发布的一道有关康党罪状的上谕。然而到底有没有"围园劫后"密谋，学术界则意见纷呈，莫衷一是，归纳起来，主要有以下几种意见：

　　其一，康梁否认。倡导变法维新的主将康有为、梁启超在公开场合从未承认过兵围颐和园的密谋。据金梁在《四朝佚闻·德宗》记载，他曾亲自问过康有为关于"兵劫颐和园事"，康有为"怫然曰：'乌得有此？我朝以孝治天下，小臣面对，谁敢妄言？此皆荣、袁辈不学无术，藉危词以邀权势耳！'"梁启超在《戊戌政变记》卷三《政变前纪》中记载了初三日说服袁世凯勤王事，但未提到兵围颐和园，而说：当时维新党人"意上位危险，谅其事发在九月阅兵时耳"，说袁世凯勤王，"冀其于阅兵时设法保护"。在卷六《谭嗣同传》中详细记述了谭嗣同夜说袁世凯时的谈话："初三日夕，君径造袁所寓之法华寺，直诘袁曰：'君谓皇上如何人也？'袁曰：'旷代之圣主也。'君曰：'天津阅兵之阴谋，君知之乎？'袁曰：'然，固有所闻。'君乃直出密诏示之曰：'今日可以救我圣主者，唯在足下，足下欲救则救之。'又以手自抚其颈曰：'苟不欲救，请至颐和园首仆而杀仆，可以富贵也。'袁正色厉声曰：'君以袁某为何如人哉？圣主乃吾辈所共事之主，仆与足下同受非常之遇。救护之责，非独足下，若有所教，仆固愿闻也。'君曰：'荣禄密谋，全在天津阅兵之举，足下及董（福祥）、聂（士成）三军，皆受荣所节制，将挟兵力以行大事。虽然，董、聂不足道也，天下健者，唯有足下，若变起，足下以一军敌彼二军，保护圣主，复大权，清君侧，肃宫廷，指挥若定，不世之业也。'袁曰：'若皇上于

△ 康有为

阅兵时疾驰入仆营，传号令以诛奸贼，则仆必能从诸君子之后，竭死力以补救。'……"君曰：'荣禄固操、莽之才，绝世之雄，待之恐不易易。'袁怒目视曰：'若皇上在仆营，则诛荣禄如杀一狗耳。'因相与言救主之条理甚详，袁曰：'今营中枪弹火药，皆在荣贼之手，而营哨各官，亦多属旧人，事急矣，既定策，则仆须急归营，更选将官，而设法备贮弹药，则可也。'"这就是说，谭嗣同夜说袁世凯，是要袁在九月慈禧太后和光绪帝至天津阅兵时采取反政变措施，保护光绪帝，而不是在北京搞政变，当然也就没有兵围颐和园的事。

其二，围园劫后是诬陷康有为、梁启超。持这一意见的研究者指出，如果说谭嗣同夜访袁世凯，劝其杀荣禄，代为直督，并即带兵进京，包围颐和园，则除非谭嗣同是白痴，才会说这样的话。袁世凯"新建陆军"所部只有七千人，而北洋大臣荣禄所辖，计有聂士成的"武毅军"一万三千人；董福祥的"甘军"一万一千人；宋庆、马玉良的"毅军"一万二千人，加上直隶绿营二万八千人；淮军一万二千人；练勇一万九千多人，总兵力在九万五千

人以上，莫非还敌不过袁世凯的七千人？即使能够到达京师，自永定门至颐和园。将节节遭遇拦截；即使能够到达颐和园，但太后未遭劫制，皇帝先已被幽，那还谈什么救驾？那么慈禧太后是否知有围园劫后之说呢？既然谭嗣同不曾做过这种荒谬绝伦的提议，则袁世凯何以又在他的《戊戌日记》中言之凿凿呢？论者指出，这是袁世凯迫不得已为求自保的手段。因此，高阳认为谭嗣同根本不会去劝说袁世凯带兵围园，因为这是绝对不可行的。所谓的围园密谋，只是反对派制造的谣言，杀六君子就是为了灭口。

其三，确有密谋，证据为杨深秀上的附片。台湾学者黄彰健认为，确有围园密谋，康有为让杨深秀上折，在附片中提出要袁世凯派兵到圆明园挖金窖，可能光绪据此给袁下了旨，尽管光绪、杨深秀自己并不知有此密谋，但袁见此并印证谭嗣同初三晚所谈，以为确是让他带兵围园。康有为自编年谱也说：（八月初三）夜杨漪川（深秀）、宋芝栋（伯鲁）、李孟符（岳瑞）、玉小航（照）来慰……李孟符言，英人有七舰在大沽，将与俄战。吾未与诸公谈密诏事，而以李提摩太交来瓜分图，令诸公多觅人上折，令请调袁军人京勤王。据光绪二十四年十月二日《申报》报道：京友来函云：八月初四日逆犯杨深秀上疏奏称，圆明园有金窖甚多，请准募三百人，于初八人内挖取。都人诧为奇异。实则与康有为谭嗣同诸犯同一逆谋耳。挖金窖是为了济练兵急需，而自八月初一起，袁世凯即奉命专门负责练兵事务。在明清两代，朝廷常用军人做工。建议光绪在召见袁时，责成袁派兵三百人入京挖金窖。杨深秀在戊戌年曾将康代拟之《定国是》摺及《请奖陈宝箴》等摺递上，都得到了光绪的谕允。新党要杨深秀八月初五日上此一附片，不过是想利用光绪对杨的信任，想骗取调袁军入京的上谕，使袁认为此次调军入京的真正目的不便在上谕中明白宣布，故借挖金窖为名，并以此使袁相信谭八月初三夜所说确为皇上所授意，而照初三日康原定订划行事。

其四，确有密谋，证据是《诡谋直纪》及梁启超密札。维新党人毕永年在政变前到达北京，与康有为来往密切，他记有康要他参与围园密谋的日记，后存于日本，名为《诡谋直纪》。毕永年在《诡谋直纪》中详细记录了康有为是如何劝说他带兵围园的。汤志钧、杨天石见到此件后，认为这是确有密谋的可靠证据。据毕永年所记，政变前毕到达北京，康梁等正在紧张地筹划政变密谋事宜，要求毕积极参加，先是要他到袁世凯的军队中去，毕提出自己一个生人去了没法工作；后来又要求毕当袁带兵包围了颐和园后，带领壮士进园去捕杀慈禧。

其五，确有密谋，证据并非《诡谋直纪》。房德邻考证了《诡谋直纪》，认为是毕在政变后与康梁闹翻，根据传闻写的，并不可靠。而康有为的《自编年谱》却透露了他要在北京搞政变的图谋。康有为在其生前密不示人的《自编年谱》中这样记载：八月初三日接到光绪帝"朕位几不保"的密诏后，他就和梁启超、谭嗣同等商议劝说袁世凯勤王，当晚谭嗣同即到法华寺游说袁世凯。这里虽然没有说到兵围颐和园、捕杀慈禧太后，但说到要袁"率死士数百扶上登午门而杀荣禄，除旧党"，如此的举动当然是要在北京搞政变了。如此，则兵围颐和园劫制皇太后也应该是计划中的事了，否则怎么能"扶上登午门"呢？《自编年谱》又记，在谭嗣同赴法华寺的同时，梁启超也进城到金顶庙容闳处等候消息，而他自己则留在南海会馆整理行李准备赴上海接办官报，即《时务报》。当晚有好友杨深秀、宋伯鲁、王照等来探慰，他未向他们泄露密诏事，"而以李提摩太交来《瓜分图》令诸公多觅人上折，令请调袁世凯入京勤王"。康有为的此项建议显然是为配合谭嗣同夜说袁世凯要在北京搞政变。可以断定，康有为等确实有利用袁世凯兵围颐和园的计划，而不是梁启超所说仅是防备九月天津阅兵时可能发生的政变。

围园劫后，一桩惊天大事，然而有无此事竟也众说纷纭，目前看来有的证据多一点。但即便没有，那也足以对慈禧、光绪的关系造成极大影响。

董福祥发迹之谜

　　董福祥（1839～1908），字星五，环县毛井王朝山（清代属固原辖）人。他的父亲董世猷为当地"哥老会"首领，为人豪爽，"好赈人急而疾恶如仇"。董福祥兄弟三人，排行老二，自小受家风影响，嗜好拳技，慷慨侠义，喜结交绿林中人，常往来于帮会，地方豪绅对他存有畏惧之心。

　　受家庭与环境影响，董福祥的军事政治生涯开始于团练活动。因为人民斗争的连续不断，团练在清代连绵不绝，但却不是固定的组织，一直只是清朝用来配合清军活动的临时性辅助组织。所以它有事则兴，事息则散。董福祥所率领的团练亦属如此，是西北特定事变下的产物。

　　同治初年，陕甘回民起事占据陇东，董福祥利用其父与"哥老会"的关系，与张俊、李双良组织团练，保卫地方安宁，一时追随者络绎不绝，势力不断壮大。安化县把总王蔼臣不愿意看到董福祥坐大，于是将他捕获，押入囚笼，对他施以开水烫顶酷刑，狱卒不忍心，谎报董福祥已死，弃尸荒郊，侥幸的是他被一老妪救回家中医伤。董福祥大难不死，遂重整旗鼓，与官兵对抗。这样，董福祥开始由服从清朝的团练转变与清军对抗的"匪"。此后，他率领的"匪军"为清军金顺部所败，退至陕北三边。董福祥由团变"匪"就在这一时期。其究竟何时与官府决裂难以考究，实际上这是一个充满斗争的过程，不会是突发的。研究者指出，最早记载董福祥为"匪"的是陕西巡抚刘蓉同治五年（1866）五月的奏折。奏折称，据同知鄢太愚、总兵段登云察称"四月二十日探报甘省逆回董福祥、高万镒、叛弁曾得胜等聚众万余，窜踞安化属之枣子碥、王家坳、范家坳、黑老虎山一带地方"，清军两次攻击，俘获"胁从"以千计。几乎同时，该年四月庆防统领张在山亦报告："土匪苏存鸿苟同伍彩臣等溃勇屯踞西沟一带，围攻民堡，肆行抢杀。"

同治中期，陕甘总督左宗棠进兵西北，董福祥在三边被湘军统领刘松山部打败，同治七年（1868）遂投降刘松山。这是他人生的又一个转折点，标志着他仕途的开始。他的军事才能被刘松山所赏识，委任为前敌总指挥。董福祥所部选精壮三千多人，编为董字三营，董福祥为指挥自领中营，张俊领左营，李双良领右营，随松山出花马池（今宁夏盐池），攻克灵武，直逼回军据点金积堡。同治九年（1870），刘松山为回军所伤阵亡，由其侄刘锦棠统军，冬季攻克金积堡。董福祥因作战有功，擢升都司，受命镇守金积堡。

同治十一年（1872），董福祥以参将率部随刘锦棠进军河州，打败甘肃回军马占鳌部，迫使马占鳌投降，陕西回军白彦虎部败入新疆。董福祥因镇压回军"有功"，官至提督，镇守河西。光绪元年（1875），左宗棠率部出关追击白彦虎残部，反击阿古柏侵略势力。董字三营为刘锦棠部先锋。西进途中，大风骤起，沙尘蔽日，清军皆不能进。唯董字三营久处西北，不避风沙，冲锋在前，相继收复乌鲁木齐，攻克玛纳斯城，首战告捷。光绪三年（1877）四月，左宗棠令全军三路并进，直取南疆，董福祥率部翻越天山，急行军一千二百多里，攻克南疆门户达坂城。接着马步兼程，收复托克逊城，俘敌二万余众。五月，敌酋阿古柏为部下所杀，白彦虎败入俄境，投降沙俄。八月，清军追歼南疆残敌，接连攻克收复喀喇沙尔、库车、阿克苏、乌什等城，随后收复喀什噶尔、英吉沙尔、叶尔羌以及和阗四城。至此，新疆全部收复，捍卫了祖国领土完整。董福祥在西征中"无役不从，战功威重久为诸将之冠"。以军功赏穿黄马褂，世袭云骑尉，任阿克苏总兵，驻防哈城。光绪十六年（1890）擢升喀什噶尔提督，十七年调任乌鲁木齐提督，二十年晋尚书衔。董福祥西征和驻守新疆计十九年，御敌戍边，兴修水利，开垦屯田，整修道路，发展农业，朝野赞颂他"名重边陲，功留瀚海"。

中日甲午战争的爆发，为董福祥和其甘军的进一步崛起提供了契机。光绪二十年（1894），中日甲午战争爆发，中国战败，京师震动，董福祥奉命率甘军进京，屯兵驻蓟州一带，护卫京师。第二年，河州、湟中等地又爆发回族、撒拉族人民反清斗争，清政府任命董福祥为甘肃提督，率部剿灭，河湟的反清斗争平息后，董福祥因功晋升太子少保。

光绪二十三年（1897），慈禧太后再次垂帘听政，次年戊戌变法，董福祥奉命率甘军进京，甘军编入北洋军武卫军，任武卫军统领，驻防直隶、山西。此时，外国列强加紧侵略中国，京津一带爆发义和团起义。在人民反侵略斗争的推动下，载漪、董福祥等主战派官吏亦奋起抗击侵略者。光绪二十五年（1899），董福祥再任甘肃提督。光绪二十六年（1900）五月十三日，董福祥奉命率部进入北京，驻守永安门。日本使馆书记生杉山彬明目张胆，乘车出迎八国联军，董福祥令营官将其刺杀；五月十八日下午，德国公使克林德带领水兵在东单牌楼附近向巡逻的清军挑衅，董福祥下令其部将其击毙。并配合义和团打退入侵廊坊东站的侵略军，围攻东交民巷的外国使馆区。七月十九日，八国联军自通州逼近京师，董福祥率甘军在广渠门英勇拼杀，后撤至东便门、朝阳门、正阳门一带与侵略者血战，击毙沙俄军团长安宁科夫，击伤其将军。时人称赞"最为奋勇者，唯董福祥一军"。七月二十日，北京陷落，慈禧太后西逃，董福祥担任随护大臣。清政府与八国联军议和后，董福祥被侵略者指控为"首凶"，强令清政府将其诛杀，慈禧因其护驾有功，素有劳绩，着即革职。

光绪二十七年（1901），董福祥由西安回到金积堡，耕田隐居。光绪三十四年（1908）正月初九卒于宁灵厅（今金积堡），终年69岁，遗嘱将他多年储银40万两上缴国库，以充军饷。九月，他的遗体安葬于固原南乡十里墩官山。同时，在南乡官道竖立"董少保故里碑"一座。

可以说清末人物中，董福祥是富有传奇色彩的一个。董福祥由团练到"匪"至最终变为清末宫廷重臣，他传奇的发迹史就成为一个永远需要开掘的谜。

颐和园布局结构之谜

　　享誉海内外的颐和园是样式雷第七代传人雷廷昌的代表作。雷廷昌，字辅臣，又字恩授，雷思起长子，生于道光二十五年（1845），卒于光绪三十三年（1907）。他与父亲雷思起先后为咸丰、同治、光绪几位皇帝和慈禧等兴建陵寝，并在重修圆明园、颐和园、扩建"三海"工程中，成为京城公认的最有成就的建筑师。

　　颐和园的大名，大家觉得如雷贯耳，但在园林里隐藏着古建筑的多处机密，恐怕还是头一次听说。

　　近来有人根据考察认为，在仔细鸟瞰颐和园全景时，不难发现昆明湖酷似一只寿桃，只是寿桃的"歪嘴"，偏向东南方向的长河闸口。寿桃的梗蒂，是颐和园西北角西宫门外的引水河道。而斜贯湖面的狭长的西堤，则精妙地构成了桃身上的沟痕。万寿山下昆明湖北岸的轮廓线，则好似一只蝙蝠，振翅欲飞。昆明湖北岸的轮廓线，明显地呈现一个弓形，弓形探入湖面的部分，形成蝙蝠的头部。弧顶正中凸出的排云门游船码头，则像是蝙蝠的嘴。向左右伸展的长廊，恰似蝙蝠展翅翱翔的模样。东段长廊探入水面的对鸥舫和西段长廊探入水面的渔藻轩，则构成了蝙蝠的两只前爪，而万寿山及山后的后湖，则恰似蝙蝠的身躯。

　　这样庞大而精美的关于颐和园寿桃、蝙蝠、乌龟之谜，在史料碑文对此有无记载呢？

　　据史料记载，颐和园的前身是"清漪园"，乾隆十三年（1749）三月，乾隆皇帝为迎接其生母崇庆皇太后的生日开始动工兴建，两年后正逢乾隆之母六十大寿，于是乾隆下旨改"瓮山"为"万寿山"，同时取汉武帝在长安开凿"昆明池"操演水军的故事，改"西湖"为"昆明湖"。乾隆二十九年（1765）工程结束，共历时十五年，耗银四十八万多两，其风景之胜，恰如乾隆所说，"无双风月属昆明"。

但不幸的是，1860年英法联军侵入北京，金碧辉煌的"三山五园"（圆明园、畅春园、万寿山清漪园、玉泉山静明园、香山静宜园）转瞬间成为焦土，所藏珍宝几乎全部被掠夺一空，时人有诗云："玉泉悲咽昆明塞，唯有铜犀守荆棘。青芝岫里狐夜啼，乡漪桥下鱼空泣，"描述的正是清漪园被焚之后的荒凉景象。光绪十二年（1886）六月初十日，垂帘听政的慈禧太后宣布，将于次年正月"撤帘"，由年将16岁的光绪皇帝亲政，但提出要重建清漪园，以做"离退休养"的场所。慈禧太后垂帘听政以后，于光绪十四年（1888）宣布对清漪园进行修复，光绪帝还将其改名为"颐和园"。他说："朕自冲龄入承大统，仰蒙慈禧皇太后垂帘听政十有余年，万几余暇，不克稍资颐养……"其清漪园旧名，改为颐和园。"颐和"一词，即是供慈禧"颐养天和"之意。这项浩大的修复工程长达十年之久。修复后颐和园占地面积约290公顷，周长16华里，有园林建筑3000余间。

从史料记载而言，颐和园园名的设计的确有其象征的意义。但寿桃、蝙蝠之谜，是不是古人有意为之还不能过早下定论，必须找到有力的证据，显然现存的史料难以提供给我们满意的答案。那么，颐和园里的碑文对此有记载吗？在查阅了相关资料和实地考察后发现，到目前为止，颐和园里的几个碑文中也没有提及到。而样式雷的建筑图档目前还没有整理出来，因此剩下的唯一线索就是找到设计师家族后代。

据雷氏家族后代称，"桃山水泊，仙蝠捧寿"的传说是存在的。其家族中长期流传着这样一个故事：相传在清代乾隆年间，皇帝为其母皇太后庆祝六十大寿，要求重新修建园林，命雷廷昌负责修建。但皇上要求在园子里体现"福、禄、寿"三个字，接到修建颐和园的任务后，样式雷可没少费心思，整天都在琢磨着园林的总体布局。

这一天，他正在屋里苦苦思索，听见外面一阵喧闹之声，出来一看，见一个陌生老汉面前摆着一张方桌，老者从兜里拿出一个寿桃，放在了桌子上桌子中间放着一只寿桃，这时候，有只蝙蝠正围着桃子上下翻飞，忽然落在寿桃旁边，用两只翅膀围着桃子，好像要把它捧起来似的。样式雷看着看着，一拍脑门忽然大叫一声："有了！"转身就往屋里跑。

回屋之后，他铺开纸，他设计了一个人工湖，将这个湖挖成一个寿桃的形状，在平地上看不出它的全貌，但从万寿山望下去，呈现在眼前的就是一个大寿桃。而十七孔桥连着的湖中小岛则设计成龟状，十七孔桥就是龟颈，寓意长寿。至于"福"字，雷廷昌将万寿山佛香阁两侧的建筑设计成蝙蝠两翼的形状，整体看来成了一只蝙蝠，蝠同"福"，寓意多福。等到所有的设计完工之后，雷廷昌长舒了一口气，提笔在草稿上写下了"桃山水泊，仙蝠捧寿"八个字。

当然这只是这个家族里的一个有趣的传说，但真正的考证要有文字记载和图纸上的真实记录。目前样式雷家族的底图和烫样，90%以上都收藏在国家图书博物馆，至于这些设计到底有没有档案和底图记载，要经过一段时间的调查核实后才能确切地了解清楚。但有一点是肯定的，雷氏后人雷章宝先生的确曾听其父口述过有关颐和园的这段精巧设计。

其实，营造山水湖泊、设置亭台楼阁。使之蕴涵某种吉祥寓意，是中国古代园林建设中常用的手法。比如鼎鼎大名的恭王府花园中的"萃锦园"，就建有平面看起来像蝙蝠一样的殿堂，并取其寓意，称为"福殿"。园中还有一座蝙蝠形的水池，则相应的称之为"福河"。此外在圆明园遗址公园中，长春园西洋楼"方外观"废墟的前方，尚完整保留着两座用石块砌筑的平面呈桃状的水池。而恭王府与圆明园都是由样式雷家族参与设计的，因此虽然还没有文字能够证明颐和园"福山寿海"的真实性，但是有理由相信，样式雷会通过寓意方式来设计这样庞大的园林。

赛金花身世之谜

在晚清众多的名妓之中，赛金花应该是最具传奇色彩的一个，除了名列"清末四大谴责小说"的《孽海花》，还有多部笔记和小说涉及她的故事。

说起赛金花，其传说的大致脉络是：其初名为傅钰莲，又名彩云，江苏盐城人（一说为安徽人），约生于1872年。幼年被卖到苏州的所谓"花船"上为妓。光绪十三年（1887），适逢前科状元洪钧回乡守孝，看到了彩云，一见便不能割舍，几天以后就把她娶回家做了三姨太。洪时年48岁，傅彩云年仅15岁。不久，洪钧奉旨为驻俄、德、奥、荷四国公使，其元配夫人畏惧华洋异俗，遂借诰命服饰给彩云，命她陪同洪钧出洋。彩云凭着她天生的交际才能和东方女性的温柔在欧洲的上层社会出尽了风头。有了这样的经历，她怎么也算是出过远门，见识过外面的花花世界（甚至拜晤过维多利亚女王与威廉皇帝）。光绪十六年（1890），洪钧回国，三年后病逝。1894年，傅彩云在送洪氏棺柩南返苏州途中，潜逃至上海重操旧业，改名曹梦兰。她的生意非常兴隆，每天都是车马盈门，直到有一天一个叫钱润身的常客暴死在她的卧房，她为了躲避官司北上天津，改名赛金花。后来她靠着户部尚书立山的关系来到京城，在高碑胡同开起了风月场所。正如陈宗蕃《燕都丛考》记载："自石头胡同而西曰陕西巷，光绪庚子时，名妓赛金花张艳帜于是。"

不过促成赛金花再次成名的却是庚子事变。据说，八国联军打入北京，慈禧携光绪帝仓皇西逃。赛金花因为懂得一些洋泾浜的德语，在欧洲时就与联军总司令瓦德西相识。值此危难之际，赛金花挺身而出，与瓦德西据理力争，劝其统率的联军少侵扰百姓，辛丑和议之成，也多得益于她，因此京城

△ 赛金花

人对她多有感激。一时之间"九城芳誉腾人口，万民争传赛金花"，并尊称其为"议和人臣赛二爷"。这类传说是赛金花故事中最引起争论的地方。从历史上看，出生于1832年的瓦德西时年已68岁，似乎不大可能与赛金花有什么私情可言。不过，在北京众多的娼妓当中，知晓德语的确可以使赛金花脱颖而出，为"结与国之欢心"提供方便。至于赛金花是否对《辛丑和约》发生过作用，史实上无据可查，不过民间叙事却是另一回事了。

光绪二十九年（1903），赛金花在北京因虐待幼妓致死而入狱，解返苏州后出狱再至上海。这时的她已经30出头了，再难与昔日的光彩相比。在她快40岁时，嫁给了以前认识的一位恩客魏斯灵，她回到北京，住在前门外的樱桃斜街，1918年才正式嫁给魏斯灵。平静的日子才过了五年，魏斯灵就因病去世了。几十年的折腾，赛金花已垂垂老矣，遂心系青灯古佛，然而嗜食鸦片的毛病最终使其家道败落，只能靠接济为生。据说张学良将军、赵四小姐、徐悲鸿、齐白石、李苦禅等知名人士都接济过赛金花。时任山东省主席的韩复榘，见到年老色衰的赛金花后大为失落，留下一点钱就走了，赛金花则诗曰："多谢山东韩主席，肯持重币赏残花。"1936年11月，一代名妓因生活穷困潦倒，病死于北京。

赛金花是近现代史上颇有争议的人物，她集名妓、公使夫人于一身，一生经历坎坷。那么赛金花到底是何方人士，成为大家首先关注的焦点，但至今仍众说纷纭。清末文人曾朴在《孽海花》中说她是江苏盐城人。曾繁的《赛金花外传》和柯兴的《清末名妓赛金花传》都说她是休宁人，姓赵，父亲是一位抬轿的轿夫。但因家贫，卖给苏州养"瘦马"的了。而北大教授刘半农及其学生商鸿逵编著的《赛金花本事》里则指她是徽州人。而新有一种说法，则认为其"出生于安徽黟县二都上轴村，原名郑彩云，祖父在苏州开当铺，父亲郑八哥只身跑到苏州继承家业。后母亲亡故，祖母将她接到苏州萧家巷，由于家业逐渐萧条，加之祖父、祖母、父亲相继亡故，彩云被家中下人诱卖到妓院，身世凄凉"。

那么，赛金花故事是否属实？时人后人，文人百姓绝大多数对此坚信不疑。柴萼《梵天庐丛录》载："瓦德西统帅获名妓赛金花，嬖之甚，言听计从，隐为瓦之参谋。"时人樊增祥的两首叙事诗《彩云曲》、《后彩云曲》虽说对赛金花（彩云）极尽糟蹋之能事，但毕竟是先以传说的真实性为前提，然后再判断道德是非的。林语堂一直相信赛金花故事，他在《京华烟云》第五章中有言："北京城总算得救，免除了大规模的杀戮抢劫，秩序逐渐在恢复中，这都有赖名妓赛金花的福荫。"

当然也有人说赛金花故事根本就是子虚乌有，比如同文馆的学生、后来协助梅兰芳走出国门的戏剧理论家齐如山称他亲眼所见：赛金花的确与德国中下级军官厮混过，但瓦德西路过时赛金花头都不敢抬，更遑论亲密接触。据丁士源所著《梅楞章京笔记》，赛金花也只在远处望见瓦德西统帅一眼。曾朴在《孽海花》中描写赛金花与瓦德西在柏林邂逅的一段情事，那位瓦德西仅是一位年轻的陆军尉官，恰巧入侵北京的八国联军统帅也姓瓦德西，但担任统帅的瓦德西是陆军上将，德皇威廉的侍卫长，年已近古稀，年龄官阶与彼瓦德西譬如天壤，只因鸳鸯蝴蝶派诗人樊增祥在南方写的两首《彩云曲》，硬把两个瓦德西合二为一，并且将两人写得秽亵不堪，使读者传为信史。

由于两派观点截然不同，于是多年来一直争执不下。1930年代，刘半农与其弟子商鸿逵面见赛金花，口述采访十余次，写成《赛金花本事》一书，于1936年出版，一举成为赛金花研究的第一手资料。历史学家尹达、邓之城都给予了肯定，胡适更曾有"大学教授为妓女写传，史无前例"之评。

赛金花本人对待赛金花传说的态度是一分为二的：大节上，她毅然承认曾与瓦德西接触过数次，确曾筹军粮，劝说联军自律暴行；而在细节问题上她认为，自己没有与瓦德西同衾而居，瓦德西当时已68岁，威严而自重。至于传说中的"赛金花与瓦德西裸体跳窗避火"；"幽会后赛金花深夜坠马韩家潭"等，她则全盘否定，坚称根本就没那么回事儿。

而关于赛金花年龄问题的研究也有多种说法：赛金花自报的出生年份曾有1871年、1874年；而她的女仆又说赛金花死时已超过70岁；更有人根据线索详细地推算出她死时是72岁，也就是说其应生于1864年。

赛金花曾留有手迹："国家是人人的国家，救国是人人的本分。"无论赛金花是谁，这个道理总是令人肃然的。今天从现存的一些老照片来看，赛金花本人并没有令人惊艳的倾国之色，却因不同寻常的经历，成为一连串传奇故事的主人公。

方君瑛自杀之谜

方君瑛，女，字润如，侯官县（今闽侯县南通镇方庄）人。生于清光绪十年（1884年）八月初三日。君瑛共有兄弟4人，姐妹7人，她是二姐。

"鸦片战争"后，清廷腐败无能暴露无遗，有识之士痛感国事日非，为拯救中华，谋求富强，陆续前往国外留学。光绪二十七年，年方17岁的方君瑛，在伯父方家澍的鼓励和资助下，偕同其寡嫂曾醒、其弟声涛、弟媳郑萌（字孟勤）等东渡日本。次年，她的另一弟声洞也来到日本学习军事。不久，声洞之妻王颖也到日本学医。光绪三十二年，她与同在日本的弟弟声涛、声洞、嫂曾醒以及弟媳郑萌、王颖先后加入同盟会，一家六口人举族起义，一时传为佳话。

方君瑛到日本后，思想日趋激进，革命意志更为坚强，她主张革命不能光靠宣传，必要时还应采取暴力行动。当时的革命党人认为在发动武装起义的同时，应当把清政府重要官员暗杀掉，以扩大影响。光绪三十一年，吴樾身怀炸弹，在北京正阳门东站炸伤出国考察宪政的五大臣后，暗杀活动更成为一时风气。同盟会组织一个专司暗杀的部门（实行部），大家以君瑛"智深勇沉可属大事"，推为部长，主要成员有吴玉章、黄复生、喻培伦、黎仲实和曾醒等人。此时，黄兴在横滨设立一个秘密制造炸药的机关，聘请俄国人为教授，以擅长化学的喻培伦为主，进行研制。方君瑛与当时著名的女革命党人秋瑾、陈撷英、林宗素、唐群英、蔡蕙、吴木兰等皆加入学习。

方君瑛在积极参加反清的革命活动的同时，励志于学业，她主张以"力学救国"，她原本文化程度不高，经过几年勤奋补习，于光绪三十三年三月考入日本高等女子师范学校，经过四年学习，于宣统三年（1911）二月毕业。其间，她与曾醒多次回国从事革命活动。光绪三十四年，她与喻培伦、黄复生、黎仲实、汪精卫、曾醒、陈璧君七人组成暗杀团，试制炸药。因在日本试验困难，曾一度与汪、黄、黎、陈等转移到香港，密设机关于黄泥甬道。宣统元年（1909）冬，君瑛所领导的暗杀团开始行动。汪、黄、喻、黎、陈等回国，入京谋刺摄政王载沣。君瑛和曾醒留在香港作后继。翌年，事败，汪精卫、黄复生被捕，君瑛等准备劫狱未成，遂返日本。

宣统三年三月，广州起义前夕，她与曾醒先期到达香港。她的异母弟方声涛在广西桂林清军兵备处任会办兼学兵营管带，暗中策划起义活动。君瑛、曾醒受广州起义总指挥黄兴委派，往来于香港、桂林间，密与方声涛、耿毅等革命党人共商大举。广州起义之役，所有军械从香港启运，大部分装在棺材中，由君瑛扮作孝妇，披麻戴孝，运抵广州。三月二十九日（4月27日），广州起义当日，胡汉民率方君瑛、曾醒、黎仲实、陈璧君、李佩书等革命党人赶赴广州，抵岸，闻知起义失败，城门紧闭，不得不连夜乘船返港。

在广州"三二九"之役中，君瑛"以未能作烈士而遗憾"。她的胞弟方声洞却壮烈牺牲。声洞之妻王颖仍在日本千叶医学专门学校学习，且已怀孕在身，还要带着一个才满周岁的儿子。为照应王颖，她从香港赶往日本，陪送王颖母子回国，同到汉口家里。

民国元年（1912），方君瑛带着弟妹回到福州，在福建女子师范学校担任校长，曾醒为监学。这年下半年，君瑛带着幼妹君璧，曾醒带着儿子贤叔以及弟弟仲鸣到法国巴黎附近的蒙得尔城留学。

方君瑛到法国后，远在异域，仍十分关注祖国政局变化。袁世凯篡夺政权后，造成全国政局动荡，她深感忧虑。民国4年，她听说袁世凯卖国政权将要接受日本提出的二十一条不平等条约时，极为愤怒，急匆匆地辍学回国，希望通过自己行动加以制止。但是当她到达上海时，中日不平等条约业已签订，使她无限愤慨。此时正遇上父亲去世，她匆匆回家办完丧事，带着她的另一个妹妹君琦一起去法国。民国10年秋，她在法国波多铎大学修完数学课程，获得硕士学位，是中国女留学生在法获得硕士学位的第一人。民国11年冬回国。

回国时，汪精卫等正在广州筹办执信学校，邀她前往主持，但因陈炯明叛变，广东局势混乱，君瑛无法前往任职，遂停留上海。其间，陈嘉庚曾聘请她去集美学校任教，但她因答应执信学校在先，遂婉言谢绝。不幸的是回国前她在法国遭车祸，脑受震荡，精神变得不很正常。回国后加上对社会现实、国家前途的忧虑，使得她时而愤慨，时而消沉。终于在1924年年6月12日吞服大量麻醉品，经抢救无效于14日逝世。她在遗书中写道："君瑛之死乃出于自愿，非他人所迫也。盖因见社会之腐败不可救药，且自己无能，不克改良之，唯有一死耳！在世甚觉无聊，我对不住所有爱我者。我已去矣，所有之恩惠来世再报罢。六嫂之款七万二千，存在法银行，乃仲鸣弟经手，问之可也。伯母之款也存仲鸣弟处，六嫂尚有一万六千法郎，被黄国治、林秋生借去，请醒姐代追之，谅不至全数无着。瑛诚对不住六嫂，请恕我。瑛。绝命书。字据在第二小皮包内，请六嫂取之。"

从遗书上看，死者对身后之事作了详尽的安排，但对死因却是语焉不详，以至引起后人的猜测。李焰生在其所著《汪精卫恋爱史》一书中认为，方君瑛本为汪精卫情人，她的自杀乃为殉情。

李焰生的观点大体如下：1909年夏，汪精卫、黄复生、方君瑛、陈璧君等七人在日本组织了暗杀团体，准备赴国内暗杀清朝权贵，也就是在这一时期，汪、方二人暗生情愫。没想到汪精卫后来的刺杀行动宣告失败，并被捕进了监狱，而一直仰慕汪精卫的陈璧君对汪展开了狂热的追求，并最终结为夫妻。

辛亥革命后，汪精卫夫妇曾一度旅居法国，与方君瑛再度相逢，于是旧情复燃。1921年，汪与陈璧君在广州筹备执信学校时，方君瑛应邀前来执教，汪利用陈璧君到美国筹款之机，更狂热地向方君瑛展开追求。

对于汪、方私情，陈璧君早有察觉，并派人对其进行监视，终于对他们的情况知道得一清二楚，因此闹上门去，百般羞辱。以方君瑛如此身份，如此性情，自然不能忍受，遂当夜写好绝命书自杀身亡。

对于以上说法，蔡德金先生予以了反驳，认为这根本是无稽之谈，"并非是对于后来成为汉奸卖国贼的汪精卫的贬斥，而是对一位纯洁女性且又为同盟会女杰方君瑛的莫大玷污"。为此，蔡德金撰写了《同盟会女杰方君瑛缘何自缢》一文，以正视听。

蔡文认为，方君瑛与汪精卫是生死之交的密友，但其中并没有恋情，只是一心想推翻清王朝统治的共同理想，将他们紧密地联系在一起。方君瑛与陈璧君相识时，陈才17岁，而方已是老资格的革命者了，就连孙中山、朱执信、胡汉民这样的人物都很敬重她，陈璧君对她也表示了敬仰之情，方也一直视陈为亲妹妹，十分关怀照顾。

汪精卫、方君瑛、陈璧君三人之间的良好关系也一直维持着，辛亥革命后，汪精卫夫妇及方君瑛、曾醒等人结伴去法国留学，一同住在巴黎附近的蒙达尔城。不久，陈璧君生下了第一个孩子汪文婴，为什么一个男孩取了一个具有女人味的名字？这是取方君瑛"瑛"的谐音，因为其时由于宋教仁被刺身亡，汪精卫奉孙中山之命回国，因此照料和看护婴儿的任务主要是由方君瑛承担的，以"文婴"为名是表达对方君瑛的感激和纪念之意。1914年底，陈璧君又生下长女汪文惺，"惺"与曾醒的"醒"字同音，因为这是个早产儿，幸亏有方君瑛与曾醒的悉心照顾，婴儿才得以存活。由此可见，方君瑛与陈璧君的关系十分亲密，不是姐妹，胜似姐妹。另外，汪精卫与陈璧君的感情一直是恩爱与忠诚的，这从汪为陈所写的大量诗篇中就可以看出。1936年，在他们的结婚纪念日时，远在欧洲的汪精卫也没忘了赋诗给陈璧君以示纪念："恩爱如新不可名。"

那么，为什么方君瑛选择了轻生之路，蔡德金认为是由多种原因造成的，但与汪精卫的恋情无关。

其一，痛感国内政治腐败。方君瑛在辛亥革命成功后，怀着科学救国的理想去法国留学，数十年与孤嫂及子侄弟妹过着极其俭朴和单调的学生生活。本想在学成之后报效国家与社会，但是回国后的现实却让她大为失望，当权者纸醉金迷，国家依然积弱不振，过去的同道者许多变了节，与前清的贪官污吏无大分别。想起当年为追求理想的牺牲者，想起这十年的寒窗苦读却是劳而无功，前途黑暗不可想象，于是痛感生活毫无意义。

其二，沉重的负债心理。方君瑛的六嫂郑萌曾于1920年汇寄八万余元给方君瑛，暂存在她那里，准备给她的儿子贤旭来法国留学时作为学费，但被两位福建籍的留法学生林秋生与黄国治因学费无着从方君瑛处借走，且始终没有还钱。此事让方君瑛深为自责，成了她沉重的心理负担。为此，她曾准备回国去厦门集美学校任教，但因为学校所订条件过于苛刻，另外汪精卫与陈璧君也不赞成她接受这项工作，只能怏然作罢。从这件事上，也可以反映出方君瑛急欲还债的心理。

其三，摆脱不掉的婚姻纠葛。方君瑛原有未婚夫是由父亲包办的，名叫王简堂，也曾去日本留学，平时倒是埋头读书的，但其思想陈旧，对方君瑛从事的革命活动不以为然，与方君瑛产生了矛盾。因为志趣不投，方君英抱定了独身的决定，终身不婚。然而十余年过去了，王简堂居然也一直未娶，并时常来电来函纠缠，这让方君瑛极为厌烦。

相对封闭的环境也促使方君瑛走上轻生的道路。方君瑛在法国留学期间曾遭遇车祸，留下了严重的后遗症，记忆力也大为减退。因为脑部受伤严重，方君瑛失去了自我排解压力的能力。而此时，她的平常最亲近的人包括汪精卫、陈璧君也都不在身边，内心忧愤得不到排解，积累之下，终成忧郁症，就在她绝命前数日，已对一直照顾她的陈璧君之母卫月朗流露过轻生的意向，可惜未能及时引起注意。

因此蔡文认为，方君瑛之死乃多种因素综合而致，但与所谓汪精卫私情无关。

谭嗣同《狱中题壁》诗之谜

谭嗣同（1865～1898）近代政治家、思想家、诗人。字复生，号壮飞，别署华相众生、东海褰冥氏、通眉生。湖南浏阳人，幼年丧母，遭继母虐待。青少年时代，读书虽颇广博而屡试不第，通剑术，好任侠，遍游西北、东南诸省，怀有济世报国的大志。甲午中日战后，谭嗣同受到极大的刺激，痛感国家民族的危亡日迫，"非守文因旧所能挽回者"（《上欧阳中鹄书》），决然抛弃旧学，探求新学，投身变法活动。一方面融贯儒学、佛学和西学知识以及康有为的学说，撰写《仁学》，阐述变法理论；一方面在湖南从事培养实学人才、兴办实业等，以求维新。光绪二十三年（1897），协助湖南地方当局开设时务学堂。次年初，又与唐才常等在长沙组织南学会，创办《湘报》，宣传新学，推动新政，使湖南富有朝气。七月到京师，任四品卿衔军机章京，参与新政，以为"朝廷毅然变法，国事大有可为"（《致李闰》）。

1898年9月21日凌晨，慈禧太后发动政变，幽禁光绪皇帝于南海瀛台，宣布自己临朝训政。同时，命荣禄派兵搜捕维新党人。9月26日，清政府逮捕了谭嗣同等人，将其关进刑部北监。谭嗣同在狱中想起了汉朝的张俭和杜根。张俭因揭发朝中权贵残害百姓受到陷害，被迫逃亡在外，望门投宿。杜根因劝摄政的邓太后归政安帝而受到酷刑。目前维新派的遭遇正与张俭、杜根相似。无论是逃亡还是被囚，都应忍死求生，继续战斗下去。同时他又想起了老师康有为和好友王正谊，康有为已外逃，东渡日本。王正谊仍在北京，是江湖名侠，人称"大刀王五"。谭嗣同把今后事业的希望寄托在他们两人身上。想到这里，谭嗣同按捺不住自己激动的心情，拾起一块煤屑，在牢房的墙壁上写下一首史称《狱中题壁》的诗。谭嗣同在临刑前大声朗诵绝命诗："有心杀贼，无力回天；死得其所，快哉快哉。"态度从容，慷慨就义，年仅33岁。

谭嗣同《狱中题壁》诗最早见于梁启超的《谭嗣同传》，后来又在他的《饮冰室诗话》中提到，诗曰："望门投止思张俭，忍死须臾待杜根。我自横刀向天笑，去留肝胆两昆仑。"同时，梁启超还专门为诗添加了按语说：谭浏阳（谭嗣同）狱中绝笔诗，各报多登之。日本人至谱为乐歌，海宇传诵，不待述矣。问题是，谭嗣同诗中所列举的人，梁启超也不得不承认，或许未能知。

关于《狱中题壁》，一种说法认为这是梁启超篡改谭嗣同的诗。黄彰健在《论今传谭嗣同狱中题壁诗曾经梁启超改易》中首先提出了质疑，认为这一首诗不是谭嗣同的原作，而是梁启超伪造的。为什么是伪作呢？黄彰健称，他找到的证据是一本小说，这本小说叫《绣像康梁演义》，这本书出版于1908年，距谭嗣同牺牲整整十年。这本《演义》描写到六君子受刑时，六君子之一的林旭口吟了两首诗，其中一首是这样的："望门投趾怜张俭，直谏陈书愧杜根。手掷欧刀仰天笑，留将公罪后人论。"它与传下来的狱中诗颇为相近，据此黄彰健便认为这是谭嗣同的原诗。张建伟在所著的《温故戊戌年》一书借用了黄彰健的考证。

那为什么黄彰健与张建伟会怀疑梁启超篡改了谭嗣同的诗呢？二人认为，这首诗泄露了戊戌变法中的一个秘密，因此笔锋常带感情的梁启超就用他的如椽之笔，用墨水改写了这首血水写成的诗篇：望门投宿思张俭，忍死须臾待杜根。我自横刀向天笑，去留肝胆两昆仑。不得不承认，经梁启超的大手笔一改，仿佛比原诗更加豪迈，但是却违背了先烈的原意。这一小小的改动就完全遮掩了康有为所代表的维新派曾有武装夺权的谋划，没有了谭嗣同"留将公罪后人论"的坦诚。说白点，黄彰健和张建伟无非认定康梁是所谓的"小人"，谭嗣同的诗泄露了大秘密，所以梁启超篡改了谭诗。有趣的是电视剧《走向共和》中也采用了此说，在剧中康梁师徒的话当场遭到王照的反驳，王照指出，密诏是假的，谭嗣同这一首诗，是经梁启超修改过的。诗的原稿是："望门投止怜张俭，直谏陈书愧杜根。手掷欧刀仰天笑，留将公罪后人论。"王照还说，谭嗣同原诗暴露了他们擅自决定包围颐和园这一"公罪"。

对于这一结论，傅剑平认为有许多值得推敲的地方。指出，一开始就认定林旭绝命诗是谭嗣同《狱中题壁》诗的原作，其考证和分析就不可能脱出《狱中题壁》诗旧有解说的樊篱，结论自然难以成立。

另一种说法，梁启超所录的诗确系谭嗣同的原诗，但部分词句有所不同。1994年，研究者发现了当年，也就是戊戌年的刑部主事唐炬的日记《留庵日钞》中记录有谭嗣同的狱中诗，日记中记道："二十五日，晴，入署……在署闻同司朱君云：谭逆嗣同被逮后，诗云：望门投宿邻张俭，忍死须臾待树根。吾自横刀向天笑，去留肝胆两昆仑。"这里记录的谭嗣同狱中诗，除了少数几个错字外，与梁启超在《谭嗣同传》中引用的诗是一致的。梁启超为什么能得到谭嗣同的原诗，根据《留庵日钞》可知，谭诗确实是写于狱壁之上，所以往来狱卒相互传送，一时间该诗就不胫而走，据此推测梁启超的记录也是从他人口中得知的。而唐炬则说他所录的诗是刑部传抄本，直接来自刑部署内，所以梁启超篡改说应予推翻。

黄彰健在《留庵日钞》发现的第二年，即1995年发表了《论谭嗣同狱中诗——与孔祥吉先生商榷》一文，承认："由唐炬《留庵日钞》所记，可以证明'去留肝胆两昆仑'确系谭诗原文，未经梁启超改易，可以修正拙说。"只是他认为那首"手掷殴刀仰天笑，留将功罪后人论"也是出自谭嗣同之手，两首诗实际上一个是草稿一个是定稿，时间先后不同，并没有人有意篡改，这也算一家之言吧。

蒋介石拜师之谜

　　蒋介石是国民党总裁，黄金荣是上海流氓帮会头目，蒋介石曾经拜黄金荣为师，种下了国民党政权与上海流氓帮会势力勾结的根苗。1927年"四一二"政变时蒋介石利用黄金荣、杜月笙、张啸林三大亨充当反共的急先锋与此事有密切的关系。但是蒋介石究竟何时拜黄金荣为师，一直是众说纷纭，莫衷一是，至今仍是一个谜。

　　荣孟源在《蒋家王朝》（中国青年出版社1980年版，第8页）中说："蒋介石何时拜黄金荣为师，不得其详。据他在1913年给黄金荣立碑，歌功颂德，可知不能晚于其时，"可惜在这条宝贵的线索下没有注明史料出处，立碑之事又不见其他的记载。经查，1913年夏蒋介石先后在上海、宁波组织反对袁世凯的武装起义，均遭失败。同年10月，蒋介石在上海参加中华革命党。11月，陈其美去日本，将上海方面的工作交给蒋介石负责，直至次年6月陈其美才邀蒋赴日共同筹商讨袁事宜。蒋介石在奉命主持上海方面工作期间，知事难急进，拜黄金荣为师，借用帮会势力打开局面是完全可能的。

　　早年经商沪上、熟谙上海帮会内情的傅湘源在《青帮大亨——黄金荣、杜月笙、张啸林外传》（中国文史出版社1987年版，第94页）中绘声绘色地描写了1914年秋末的一天晚上，徐青甫陪蒋介石在上海聚宝茶楼的香堂室里拜黄金荣为"先生"的情节。据作者在前言中称，该书"每回所记之轶事，均以笔者的见闻和当时主事者的回忆口述为依据，并考证有关文字史料……力求做到持之有据，真实可靠"，因此上述情节自当有所依据。经查，蒋介石于1914年9月3日自日本回国到上海，直到11月下旬才复东渡日本。在这段时间内，中华革命党在上海的处境十分困难，9月20日该党党员范鸿他被刺身亡，11月23日杭州革命党人夏之麟所设之秘密机关被破获，30人被捕杀，蒋介石在这种情况下拜黄金荣为师，争取帮会势力的掩护展开革命工作也是完全可能的。

然而较多的人认为蒋介石拜黄金荣为师的时间是在20世纪20年代初期。据黄金荣管家程锡文回忆，"蒋介石当初原在上海物品交易所当'划线'小职员，收入不多，很不得意。耳闻黄金荣的势力，就托虞洽卿介绍拜黄金荣为先生。黄金荣同意之后，由徐福生当传道士，正式举行拜师仪式，投了门生帖子"（《1日上海的帮会》上海人民出版社1986年版，第157页）。作为黄金荣的管家，程锡文对黄家的内幕肯定要比外人了解得多，因此程的回忆是有一定根据的。黄金荣自己在1951年5月20日《文汇报》上发表《白白书》时也说："蒋介石是虞洽卿介绍我认识的。"但是程锡文没有交代蒋介石拜黄金荣为师的具体时间。苏智良、陈丽菲在《近代上海黑社会研究》（浙江人民出版社1991年版，第78页）中提出，"陈其美去世后，蒋介石在上海随戴季陶于物品交易所集资开了恒泰号经纪行当经纪人。1920年底因交易所不景气，恒泰号亏空甚巨，蒋亦负债数千元。蒋介石请虞洽卿出面，拜黄金荣为师，黄金荣与虞洽卿各出一笔旅费，助蒋介石去广州找孙中山"。老新闻工作者恽逸群在《三十年见闻杂记》中提出，"蒋介石在1921年前后曾投帖于上海租界捕房包探头子黄金荣门下为门生"。

程锡文以及苏智良所说的共同点在于认定蒋介石是在上海从事物品交易经纪不得意时才拜黄金荣为师的。而苏智良提出的蒋介石拜师的时间又和恽逸群所说的相接近，但毕竟都缺乏严密的论证，难以成为定论。由于国民党的官方著作如毛忠诚的《"民国"十五年以前之蒋介石先生》对此问题讳莫如深，只字不提，更增加了解决这一悬案的难度。

蒋介石婚姻之谜

　　蒋介石的婚姻情况如何？他有几个夫人？一直存在着争议。按通常的说法，蒋介石有三个夫人，即结发之妻毛福梅，下堂之妻陈洁如，政治之妻宋美龄。此外，还有一妾即姚冶诚。

　　对这种说法，蒋介石本人予以否定。

　　蒋介石发妻毛福梅生于1882年农历十一月初九日，奉化岩头村人。1901年与蒋介石结婚，她比蒋介石大5岁，蒋才14岁。

　　她嫁给蒋介石，是奉父母之命，媒妁之言。包办婚姻，没有感情基础，二人不仅年龄相差很远，感情上的差距也很大。

　　1905年，蒋介石离开奉化溪口，到宁波读书，毛福梅奉蒋母之命，前去伴读。此时，她与蒋介石的感情还算是融洽的。

　　过了半年，蒋介石考入浙江武备学堂，毛福梅离开蒋介石回老家。后来蒋介石进了保定军校，接着又去日本留学。从此，她与蒋介石分居两地，蒋介石也难得在假期回来一趟。

　　毛福梅是一个农村土生土长的女孩子，没读过多少书。在封建社会里，女子无才便是德。她温柔孝顺，谨遵闺训，恪守妇道。自从丈夫离家外出，一直陪伴婆母王太夫人诵经念佛，朝夕相处，相依为命。

　　1907年，蒋介石纳姚怡诚为侧室，不久，又与苏州女子陈洁如同居。这并没有影响毛福梅在蒋家的地位，她仍然是蒋介石的元配夫人。

　　1921年，与她朝夕相处十九年的婆母王老夫人不幸逝世。她失去了最亲的亲人，也失去了关爱、庇护和依靠，开始了漫长的孤独、寂寞、悲凉的生涯。

1927年1月15日，时任黄埔军校校长、北伐军总司令的丈夫，在广州孙中山家认识了宋美龄，第一眼就爱上了这位留学美国、年轻漂亮的总统姨妹。3月26日，在上海宋子文私邸，再次相逢，出于这位精明银行家的战略眼光，特意安排了一曲楼台会，蒋介石已飘飘然陶醉了。5月15日，二人登焦山游览名胜古迹，纵情于山水之间。这一次焦山之行，决定了宋美龄第一夫人的金交椅，也决定了毛福梅在青灯古佛间度过残年余生的命运。

1927年9月28日，蒋介石在中国最大一家报纸《申报》上发表一则启事："民国十年（1921）原配毛氏与中正正式离婚，其他二氏本无婚约，现已与中正脱离关系。"

蒋介石与毛福梅离婚具体是哪一天？是1921年11月28日。蒋介石是个孝子，他在母亲生前就想与毛氏离婚，但始终没有提出来。一直等到他母亲于是年6月14日去世以后，才将离婚之事正式提出。11月28日，蒋介石召集亲友商议离婚之计，几费口舌，最后终于离婚。有日记为证：

1921年11月27日："下午，为离异毛氏事，愤怨交并。"

1921年11月28日："上午，会议离婚事，亲戚意见参差，虽（致）无结果，心殊恼恨……后卒解决此事，然已不知费了多少精神矣。"

由此可见，蒋介石关于与发妻离婚的申明是符合实际情况的。但与其他二氏，即姚冶诚和陈洁如有没有婚约呢？姚冶诚肯定没有，而陈洁如否定了她与蒋介石无婚约之说。她在《我做了七年的蒋夫人》的回忆录里，拿出了一张与蒋介石结婚的喜帖作为证据，并且以较多笔墨渲染他们结婚的经过。

她特意强调，"孙中山作见证要我们尽快结婚"，"结婚典礼于一九二一年十二月五日很安静地举行，地点在上海永安大楼大东旅馆大宴客厅内"，"张静江福证，季陶为介石主婚"。婚后三日归宁，与蒋介石起程赴宁波，在溪口陈洁如与毛福梅相见，然后是一系列的祭祖、喜筵，为蒋母上坟、游雪窦寺，"共住了十天"等等，非常详尽。

但这是不是真实的？经查阅《蒋介石日记》，从1921年的10月8日起，到12月10日止，蒋介石根本未离开过溪口，正以孝子身份忙于其母王采玉建坟之事，不可能有时间与陈洁如在上海结婚。请看《蒋介石日记》：

1921年10月8日："下午三时抵家。见纬儿面部疮疤犹在，颇讶，旋往抚母棺。"

10月9日："下午，登高与纫秋往鱼鳞岙，勘察母墓地。"

10月10日："上午，看新建厅屋。下午，与纫秋周历……各祖墓，并先考坟前，观察风水。"

10月10日："下午，又往鱼鳞岙，看先妣墓地。"

10月12日："下午，走往宋春姊家。"

10月13日："晚，同纫秋游墨斗潭。"

10月20日："晚，与纬儿玩物。"

10月21日："日间监厅屋工程。"

10月23日："晚，颖甫来谈养精屋事。"

10月24日："下午四时，由雪山回家。往观新屋，大门地磐石已铺上矣。"

10月25日："下午，携冶诚、纬儿往观先母墓地。"

10月27日："下午，挈纬儿往视青弟基地。"

10月28日："下午，会客商议办理母丧事。"

10月30日："今日立石青弟墓。"

11月4日："下午，处理家书事。"

11月5日："余时监造屋工。"

11月6日："上午监造屋工，下午如之。"

11月7日："竟日督造屋工。"

11月8日："晚，往溪西庙观剧。"

11月9日："上午，督造屋工。"

11月13日："竟日料理丧事。今日胞兄归自粤。"

11月14日："上午，筹办丧纪。"

11月15日："上午，藻饰堂室。"

11月16日："终日布置丧次。"11月17日："下午，筹备丧事，给讯璐妹。"

11月18日："是日整洁室舍。"

11月19日："上午，筹备丧事；下午，集客议礼。"

11月21日："上午，悬设丧幕；下午，议定丧礼。"

11月23日："下午，举行祭礼。"

11月23日："上午八时半，返枢出门，十一时半到鱼鳞岙墓地……安窆后回家，奉主入祠。"

11月24日："上午，送沪来各友行。"

11月25日："下午，往省母墓。晚与胞兄谈办武岭学校事。"

11月26日："上午，拟谢唁函稿，下午检录各友挽诔。"

11月27日："下午，为离异毛氏事，愤怨交并。"

11月28日："上午，会议离婚事，亲戚意见参差，虽(致)无结果，心殊恼恨……后卒解决此事，然已不知费了多少精神矣。"

11月29日："下午，诣文昌阁散闷。"

11月30日："晨起，视冶诚病，仍未见愈，甚念也。下午以有人来访，无暇打文昌阁屋样。"

12月1日："上午，填发谢唁笺，下午陪王观海医生诊治诚病。"

12月2日："冶诚病未好，甚念也。"

12月3日："上午孙舅父来谈，下午忙视先母墓工，晚编先妣哀思录。"

12月4日："晨，调药；下午往视先母墓工。"

12月5日："晚，辑先妣哀思录。"

12月6日："上午，往省胞兄，又诣文昌阁量墓址；下午，绘改建文昌阁为图书馆基址屋样，往视母墓。"

12月7日："上午，测量文昌阁墓址；下午，往母墓监工，回家拜奠母诞生忌辰。"

12月8日："下午，往视母墓。"

12月9日："终日在母墓监工。"

12月10日："上午，游览文昌阁，准备出门事，下午往监母墓。"

12月11日："下午，别母墓。"

陈洁如会不会将结婚日期记错了，也许是在1921年10月以前？似乎也不存在这种可能。1921年6月14日，蒋母王采玉病逝，蒋介石为其母沮丧，直至8月10日，在孙中山的电催下，蒋介石勉强至上海，拟去广西。"留旬余，时值大风雨，因念母灵柩在堂，恐被水淹"，故于8月24日复返溪口，迨至9月3日又动身赴粤，13日至粤，10月8日返回溪口。蒋介石在8月11日至8月23日滞留沪上，会不会在这一段时间里与陈洁如结婚呢？但从《蒋介石日记》中找不到只字记载。

陈洁如回忆录也否定了这种可能。她说其父陈学方于1921年9月7日溘逝，陈母在张静江等人的劝说下，决定洁如需为其父守制三个月后才能举行婚礼。这么说来8月中下旬陈父当还健在，因此不可能有结婚之说。

其次，陈洁如回忆录说，蒋介石、陈洁如结婚三日后归宁，然后二人同回溪口拜祭蒋母墓，而此时蒋母之棺尚厝堂中。陈洁如回忆录中还说，与蒋兄介卿一同祭蒋母墓，而此时蒋介卿远在广东英德县任上。从这两点看，两人也不可能在此阶段结婚。

那么，蒋介石、陈洁如的婚礼会不会在1921年12月12日以后呢？据《蒋介石日记》记载：1921年12月13日，即蒋从溪口返回上海的那天晚上，的确有关陈洁如的记述："晚，璐妹来省。"次日，蒋介石便乘轮赴粤，12月18日抵广州。1922年1月18日"甫抵桂林"，直至4月27日返沪，共在两广停留约五个月，也找不出十几天的结婚时间。因此可以判断，陈洁如回忆录中有关蒋介石与陈洁如"结婚"的日期和蜜月描述都是杜撰的。

由此可见，蒋介石有名分的妻子应该是毛福梅和宋美龄，至于陈洁如只是一个头顶"蒋夫人"名义的夫人。正因为她没有名分，从严格意义上说，蒋介石关于婚姻状况的申明是没有错的。

毛福梅虽然与蒋介石离了婚，两个人的关系并未因此而中断，她仍旧对蒋介石有礼有节，从没有因为他另有新欢和他吵闹过，也没有因被他抛弃而重新结婚。每次蒋介石回来，她都亲自下厨，为蒋介石做几样可口的家乡菜。尤其是蒋介石特别喜欢吃的奉化名菜鸡汁芋艿头，更是她的拿手好戏，每次必做，每年都要送几十斤奉化芋艿头到南京给蒋介石吃。蒋介石与毛氏虽然办了离婚手续，但在乡亲们面前，和毛氏还保持着一定的感情。就是宋美龄陪蒋介石回溪口，毛氏总是热情相待。宋美龄也总要带些貂皮、人参送给毛氏。他们三个人一直和平共处，相安得宜。

毛福梅失去丈夫的爱，只能把全部感情倾注在蒋经国身上，也把所有的希望寄托在这唯一的儿子身上。儿子是她精神的寄托。也是她生活下去的精神支柱。蒋经国于1910年在溪口出生，童年、少年时代在溪口度过。他还在母亲腹中，蒋介石就出外闯荡去了，很少回家，是她在孤苦中把儿子一手抚养大的。她对儿子悉心扶养，厚爱有加。后来蒋介石发迹了，把儿子带到上海读书，又送他去苏联留学。她与儿子从此关山阻隔，杳无音信，儿子是死是活，她无法得知，她只有天天在佛像前祈祷菩萨保佑，儿子在外平平安安，早日归来。

1937年3月，蒋经国带着妻子、儿女回到故国。一踏上国土，就马上去奉化看她，她会见了阔别13年的儿子。一时悲从中来，满肚子心酸，哽咽得流着眼泪，半天说不出话来。好一会儿，才破涕为笑。搀扶起跪在她膝下的儿子和洋媳妇，把孙子紧紧地搂在怀里，热泪直流。

儿子和媳妇在苏联结的婚，没有举办婚礼。她是一个很传统的人，非常崇尚封建礼教，坚持要为儿子、媳妇补办婚礼，而且要按旧式婚礼的仪式行事。蒋介石拗不过她，只得依从她的安排。于是，她让人给蒋经国赶制了长袍马褂，让新娘戴上了凤冠霞帔，在家里举行了隆重的拜堂仪式。她与已离婚的蒋介石，并排坐在披着红毡的太师椅上，接受儿子、媳妇三拜九叩的大礼，平时脸色苍白的两颊泛出难得见的红晕，喜气洋洋地望着儿子、媳妇，嘴角上露出了少有的笑容，激动得双眼满含热泪。

天有不测风云，人有旦夕祸福。1938年农历十一月初一，日寇飞机轰炸溪口。毛福梅从丰镐房后门逃出，已经逃过弄口，想到房门没有上锁，转身回去锁门，再走出弄口，碰上日机扔下的炸弹，炸中了弄口的围墙，墙倒屋坍，她被埋在下面。第二天才被人发现，已经死亡。

远在抗日前线的蒋经国接到急电："母亡速归"，日夜兼程赶到溪口，急忙下了汽车，三步并作两步，冲到母亲遗体边，猛地跪倒在地上。他这一辈子欠母亲太多，来不及报答和补偿；他也非常同情这位善良无助的母亲，同情她孤苦的处境，对生母的不幸遭遇颇为不平，但又慑于父亲的威势，不敢抗争和干涉。

毛福梅的坟地选在摩珂殿房边，这是她生前礼佛诵经之处，她喜欢这个地方。殿房周围长着几株千年香樟，绿荫如盖，林木茂盛，是块风水宝地。

过了几天，在溪口举行了隆重的葬礼，前来送殡的有1500多人。这次葬礼很特别，不发讣告，也不在报纸上发表消息。因毛福梅的身份很难说清，弄得不好，使蒋介石难堪，只好委屈她了。这对蒋经国来说，很难接受，但也没有办法，无可奈何。

毛福梅的棺木下葬在摩诃殿北隅，为她造了一个圆形坟墓。墓碑上书刻着："显妣毛太君之墓儿经国敬立。"同样由于她身份特殊的原因，碑上没有出现"蒋"字。

在毛福梅死后十一年，她被当作"蒋母王氏义女"、"蒋介石义姊"，载入《溪口蒋氏宗谱》。

抗日战争时期国民党一个团缘何神秘失踪

抗战初期，在国民党与日寇于南京城外激烈交战中，曾有一个团的中国官兵在南京东南30余里外的青龙山山区神秘失踪，从此杳无音信，至今仍是迷雾重重。据史料记载，1937年12月初，20万国民党军队云集南京城内外，参加南京城的防御作战。其中有五个军是从淞沪战场且战且退来到南京城外布防的。还有几个师、旅是从四川、安徽、湖北、江西等省紧急抽调来的。这些部队本是地方保安团队，虽然斗志昂扬，但装备不佳，只有步枪、机枪、手榴弹和少量迫击炮。与此相反，日寇武器先进，准备充足，不仅拥有炮兵、化学兵、坦克、装甲车，还有飞机助战，海军舰队也向南京咄咄逼近。日寇一路烧杀掳掠，气焰嚣张，无恶不作。在南京城外山地激战中，国民党军队损失惨重，尤其是远道而来的川军某师，他们的枪弹多为劣质品，显然被混入国民党军队后勤供给部门的日谍和汉奸暗中做了手脚。该师在实力不敌的情况下，几乎全军覆灭。其中有一个团，因奉命担任主阵地左翼京杭国道一侧对敌警戒任务，所以始终未直接参战。防御战役失利后，为保存实力，该团2000多人在夜幕掩蔽下急行南撤数十里，进入南京东南部绵延十几里森林茂密的青龙山地区。然而他们进入后就再未出来，2000多人竟踪影全无。

攻占南京的日军总指挥部在战事结束后统计战果时，就发现国民党有一整团未被歼灭或俘虏，也未放下武器、进入城内的由万国红十字会划出的难民区，而是转移走了。这支部队是否分散突围出去了？日军从当时双方的战役态势和兵力部署上分析后，认为他们绝无突围成功的可能。因为日军根据江浙皖诸省的地理山川形势，采用了几尽冒险的大迂回战术，于1937年12月1

日派部分兵力从杭州湾金山卫登陆，经湖州、广德、芜湖。这支日军的一部在南京东南郊重镇汤山，与沿苏州、无锡、常州、镇江一路打过来的日寇主力会师，进而从三面对南京实行大包围。

日寇也知南京西南部山林多，易守难攻，若是国民党以山体为屏障，就可有时机休整，保存住力量。为此，日军在江宁县（今改南京江宁区）湖熟、禄口至宁芜公路小丹阳段布下封锁线、火力网，又在汤山至土桥、淳化镇至双桥门一线实行严密封锁，并动用数百辆坦克、装甲车沿公路布防，骑兵、步兵来回巡逻，以使中国守军无从突围，而青龙山恰好位于这两道封锁线内。它东南面是已被日寇掌握的汤山，南面便是淳化镇。

再者，即使他们能冲出日寇的两道严密的封锁线，国民党方面多少也应有些信息。

思来想去，日寇认为此事十分蹊跷。

1939年底，重庆国民党作战大本营总结两年来的作战情况时，也发现了这个全团人马不知下落的奇怪事件，无奈之下只得将其列为集体失踪，载入国军军事档案中。抗战胜利后，国民党军总部曾组成联合调查组，对这一事件进行了专项调查，但没有任何结果，最终也不了了之。

此后，英国的《观察家》杂志把此事归于继第一次世界大战中两个营的法国步兵在马尔登山地上的神秘失踪事件后又一军事之谜。据说，法军是在某日早晨消失的。当时，马尔登山地上浓重的雾气逐渐被朝阳逼退，两营法军整齐有序地向加里波的堡塞前进。突然，大团银灰色光云从地平线上涌现过来，迅速将那支部队罩住。随后，光云隐向天际，奇怪的是那两营法国官兵却也不见了影踪。但这一事件的真伪始终存在很大争议，而且法国的军事历史档案中并无任何相关记载。而发生在南京青龙山这支部队的集体失踪，却可从国民党军令部档案记载中查到，证实当年确有其事。

今人更是对国民党一个团缘何神秘失踪格外关注。有人说，这支2000人的部队可能躲进青龙山区某一巨大溶洞，由于缺氧等某种原因没有再能逃出来，全部葬身于洞中。这种说法并非空穴来风，据说，20世纪70年代初，青龙山区的南京矿校学生和驻军建矿井、采煤，曾在几个洞穴里发现几顶锈烂的军用钢盔、朽坏的步枪和几具骸骨，后得知这一消息的南京军区周副参谋长，特陪同来青龙山矿区视察的军区司令员许世友前往察看。但传言所指的是哪几处洞穴，那些军用品及尸骨又在何处？人们都说不清楚，今人也没有新的发现。

有人说，他们也许早就化整为零逃出了封锁圈。但许多军事家对此持否定态度。

还有人将其与"外星人劫持说"联系起来，认为他们被从外太空闯入的外星人掠走了，但这一观点多被史学家归为无稽之谈，因为到目前为止，还未有确凿证据能真正说明外星人曾"光临"过地球。

更有甚者，则说他们消失于时空隧道。时空隧道实际上就是宇宙中存在着的"反物质世界"。这正反两部分物质，在引力的牵制下逐渐靠近。当双方达到一定距离时，由此造成的"湮灭"作用会释放出巨大的能量，其强大的反作用力又会将宇宙中这两大体系分开。有人据此推断，这支军队的失踪可能是这种"湮灭"现象造成的。

这些莫名失踪的人到底去了哪里？他们的尸骨今在何处？人们仍是不得而知。也许随着青龙山地区的景点开发，这个谜团才会解开。

张大千破坏过敦煌莫高窟壁画吗

在1940年至1942年，国画家张大千两次赴敦煌莫高窟临摹壁画，在那里逗留的时间加起来约一年多。

当时，关于张大千如何"破坏了敦煌壁画"的种种流言飞语，曾多次见诸报端。官方也曾一再地对张大千进行"查办"，甘肃省政府主席谷正伦就曾给张大千打去措词严厉的紧急电报："对于壁画，勿稍污损，免滋误会"，以示"严重警告"。接着，大批的国民党军统特务"奉命"对张大千实施"严密搜查"，结果一无所获。

后来，甘肃省参议会立案控告张大千，说他"借名网利，破坏敦煌古迹"。而且，他们还要求甘肃省驻南京的中央立法委员与监察委员也要对张大千进行"提案弹劾，就近查究"：要求南京政府对张大千"予以严办"，"以重历史文化而儆效尤"。

最后，"最高法院"宣判张大千"无罪"。

在敦煌藏经洞发现和敦煌学诞生百年纪念之际，某报一篇长篇报道的刊出，引起了人们的广泛关注。张大千是否破坏了敦煌壁画，也就成为许多人争论的焦点。

这篇报道里说："罗华庆在回答记者询问时指出，张大千剥损的壁画总共约有30余处。""他首先剥去第

△ 张大千

一层的西夏壁画，然后又剥去第二层的晚唐壁画，如今人们只能看到最下面的盛唐壁画，而盛唐壁画因前人覆盖时为了增加泥土粘合力，已被划得面目全非。""如此典型的被他剥损壁画的石窟还有第108窟、454窟等。"报道确定，"这些壁画的剥损是张大千所为"，而张大千这样做不算是一种考古性质的举动。

报道最后感叹说："100年前，王道士为了整修莫高窟而向外国人出卖藏经洞文物，相隔40年，张大千一面宣扬敦煌艺术，一面却为了个人私欲随意剥损敦煌壁画，这是愚昧时代的两个悲剧。"

对此报道，罗华庆认为是"有失偏颇"的。罗华庆说："在接受该记者采访时，我只是说：'用现在的眼光来看，当年张大千剥损壁画的行为是一种破坏。'"他的言下之意，在当时特定的环境中张大千剥损壁画的行为是情有可原的，他并非是敦煌的"罪人"。

四川省社会科学院文学所研究员李永翘则认为，该篇报道不但没有"证

实和揭开这个历史谜团"，反而颠倒了黑白，混淆了是非，用流言代替历史真实。这位张大千故乡的专家曾历经数年，行程万里，查档无数，对此问题作过全面的调查研究。"无数不可辩驳的证据表明，张大千先生是清白的、无辜的，他没有破坏敦煌壁画"。"他对于敦煌艺术的功绩，将永载史册"。

"张大千是有功的，他是研究敦煌壁画产生巨大影响的第一人，他对弘扬、传播敦煌艺术做出了很大贡献。"中国敦煌研究院常务副院长樊锦诗在接受记者采访时，对张大千持非常肯定的态度，这与最近闹得沸沸扬扬的"张大千是敦煌罪人"的说法大相径庭。她认为，国内的敦煌学在不断的发展研究当中，粗略地划分可以分为三期：早期以张大千、黄子云、何正璜、鹤昌群等画家、专家教授为代表；新中国成立后以常书鸿、段文杰等人为领衔人物；20世纪80年代后则是金维诺及更为年轻的研究人员。她说敦煌莫高窟是"中古时代的百科全书"，是"古代学术的海洋"，凭一己之力是无法研究敦煌学的，它是在前人研究的基础上不断发展的。故此，她认为张大千功不可没，正是他和后来的敦煌学权威常书鸿完成了交接。

那么，最近关于"张大千破坏壁画"的消息是由何而来的呢？樊锦诗认为，这纯粹是听了"传说"，"我们敦煌研究院的人绝不会说张大千破坏了壁画"。她说，早在40年代曾有"张大千破坏、偷盗壁画"的说法，最后闹到南京的"最高法院"，结果判定张大千"无罪"。现在这一说法，不过是"旧瓶新酒"罢了。

如何解释现在敦煌壁画上遭破坏的痕迹呢？樊锦诗说，1965年她来敦煌时，莫高窟尚处于缺乏管理的状态，"乱得很"，更何况在20世纪40年代。当时，这里还曾用作马鸿逵骑兵的马厩；张大千来临摹壁画期间，人员进出很杂，谁也不能肯定说被毁坏的壁画就是张大千所为。

樊锦诗一再强调，张大千至今留下的明显痕迹，只是对洞窟的编号，而编号是研究工作必须做的，现在他们研究人员也会给洞窟重新编号。她同时赞叹说："他编号的书法雄浑有力。"

汪精卫死因之谜

汪精卫生于1883年5月4日，本名兆铭，字季新，号精卫。早年追随孙中山投身革命，后任国民政府主席。1932年春，蒋汪合流。汪精卫上台任行政院院长，提出"一面抵抗、一面交涉"的对日方针，主张中日发生冲突时中国应该在"尽可能范围内，极力忍耐，极力让步，表示我们无意开衅"。在这种思想主导下，蒋汪政府先后与日本签订了《淞沪休战协定》、《塘沽协定》、《何梅协定》等，大肆出卖中国主权。

当了汉奸的汪精卫国人皆可杀，但是其死亡的原因却至今众说纷纭。但最为耸人听闻的不外两说：其一，是日本人害死的；其二，是国民党军统人员奉命设计毒死的。近来甚至又有人声称，汪精卫是无锡一个外号"刘一贴"的江湖郎中用一贴膏药毒死的，这就更玄了。

第一，为日本人所杀。

1943年秋，侵华日军限令南京伪国民政府主席汪精卫调集100万担大米、20万名壮丁用以支持东南亚战争，此时日本占领区反对汪精卫的呼声甚高，大部分地区离城十里就是游击队或地方武装的势力范围，汪政府的命令根本没人听。一天，侵华日军总参谋长松井太郎亲自上门催粮催丁，汪精卫慌忙下楼迎接，惊恐中一脚踏空，从楼梯上滚了下来。8年前被人打在背部的伤处正好撞上了楼梯的棱角，他当场昏死过去，即刻被送往医院救治。

1944年3月，帝国大学附属医院经过紧急会诊，认为汪精卫主要是铅毒入骨导致病变。

第一外科部上野博士立即做削骨去毒手术，由年轻的副手龟田良宏负责具体手术。在制订手术方案过程中，上野博士建议去掉一节胸椎骨，并同时从病人的骨骼上锯下一块骨头来，仿制成胸椎骨移植上去，以缓解原来的病骨对神经的压迫。而另一名骨科大夫黑田久雄则提出了第二方案，主张削骨去毒手术后任其自然愈合，而不必植入仿制的胸椎骨。结果，黑田久雄的方案因太冒风险而被否决。

但手术即将开始时，他们却突然接到通知：此番对汪精卫的手术必须依第二方案进行，龟田只得从命。在手术中，龟田发现汪精卫受铅毒感染的三节胸椎骨已严重变形，骨膜发炎溃烂，并压迫神经。

一周之后，汪精卫削骨处非但没能自然愈合，反而已经萎缩，但要重做"植骨"手术已来不及。龟田对院方为什么临时改变方案一直心存疑问，直到后来才明白其中缘由。原来，陆军117部渡边大佐与汪精卫的病情一样，为确保削骨去毒手术的成功，日方想找人做一次病理试验。无论何人均可列为试验对象。这是军部和首相府的最新指令，这样汪就成了最佳人选。

经过这一番折腾汪精卫的胸椎骨又一次受到挫伤，不仅胸椎骨随时可能折断，颈椎骨也渐渐变形了。最后，他终于无声无息地死在日本人的手里。

针对这一传言，有人指出，当时的日本非常需要汪这只走狗，借以维护占领区的秩序，因此说日本医生根据上级指示在手术时害死汪精卫是不可能的。

第二，被毒死于虹桥。

又有人说，汪不是日本人所杀，而是被国民党毒死在上海虹桥医院。上海市政协文史资料工作委员会编辑出版的《抗战风云录》中就刊有戴笠买通虹桥医院某护士，每日在汪吃的药中掺入一点玻璃粉，最终将其毒死的说法。1983年9月16日，香港《广角镜》第一、第二、第三期刊载的霍实子著的《太平洋战争时期几桩史实的大揭露》一文中，也同意这个观点。

霍实子认为，1944年3月汪精卫飞往日本治疗伤病，名医小黑成功地从其体内取出一枚子弹。之后汪精卫拖着羸弱的身体，匆忙乘飞机返回上海。

国民党一直想找机会除掉汪精卫。在戴笠的策划下，他们搞了一个调虎离山之计，暗杀了在广州古玩店看货的陈璧君的胞弟陈耀祖。此计果然奏效，陈璧君急匆匆地秘密返回广东去处理后事。

汪精卫一到上海，就用中文密电告诉陈璧君自己已经返回上海。陈璧君也用密码回电给汪精卫，要他暂时隐蔽且更名改姓，躲进上海虹桥医院，一切等待她到沪后安排。不料，这两份密电却被国民党情报机关破译出来，送给蒋介石。蒋介石急忙命令戴笠趁早下手。

于是戴笠派人潜入虹桥医院，买通医生、护士，每次给汪精卫送药的时候，秘密掺进适量无色无味的慢性毒药，使汪精卫在服药后无刺激、无反应，不知不觉地中毒而死。

有人说，这件事其实根本不可能发生。从炸开墓穴发现陈璧君的"魂兮归来"四个字，便能果断的推出汪精卫是死在异国日本的，这些都是文字家们的捕风捉影，借以吸引读者的眼球，把事情按自己的意愿随意进行离奇的构思。

第三，死于江湖郎中的一贴膏药。

汪精卫住院期间，陈璧君见西医看不好，便乞求于中医单方，终于在无锡探悉到一位名医，外号"刘一贴"。

刘一贴对汪精卫恨之入骨，他的家人在汪精卫的清乡中全部死掉了。当他知道是给汪精卫治病时，把满腔怒火藏在心里，先给汪精卫使用一贴神奇的膏药，剧痛果真迅速消失啦！汪精卫为此给了他一大笔钱，接下来便贴上了第二贴膏药，随后刘一贴便无影无踪了，汪精卫则被第二贴膏药折磨得死去活来，剧痛加剧。日本医生经过对第二贴膏药进行分析，发现膏药内含有蜈蚣毒和蝎子毒，汪精卫因此断送了性命。

第四，病死。

汪精卫因一个子弹长年在体内未取出来，引起铅毒扩散。夫人陈璧君相信中医，贴了中药膏药，促使铅毒扩散全身。日本作家上阪冬子访问汪氏子女后写的书支持病死之说。但其中是否有其他原因，后人无从知晓。

其实，为了稳定局势，关于汪精卫的真实情况是保密的，所以我们很难知道汪精卫的真正死因。只能凭借其他资料，认为最后一种说法比较可信，可能也是史实。

陈布雷自杀之谜

　　青年时期的陈布雷，曾是旧上海一位颇有影响的记者，他积极宣传孙中山先生"驱除鞑虏，恢复中华"的革命思想，是国民党早期党员之一。从政后任总统府国策顾问，蒋介石的首席秘书和幕僚长，委员长侍从室第二处主任。在蒋介石统治中国的20多年时间里，蒋介石的讲演稿和文章，几乎都出自陈布雷之手。

　　1948年11月13日，陈布雷自杀于南京。一直以来，这个政治意味浓厚的人生之谜一直为人们所关注。

　　1948年秋，国民党战局节节败退，南京城一片混乱，金圆券崩溃，物价飞涨，社会动荡，风声鹤唳，人心惶惶。陈布雷以其从政20多年的经历，凭着他深远的眼光，看到了国民党分崩离析、兵败山倒的必然，他在遗书中写到：目睹耳闻，饱受刺激，想到自己忠心耿耿追随的蒋介石回天无力，不禁腹断心枯，再加上看到共事的党国要在危如累卵的局势下，不能精诚团结、患难与共，反生离异之心，互询善后之策，而自己又无力挽狂澜于既倒，致使刺激过度，心理变态，突发抑郁狂，决定为垂死的党国"从一而终"。在他的《杂记》中，写道："想来想去，毫无出路，觉得自身的处境与能力太不相应了！""为此烦忧二十天于兹，我今真成了'忧郁狂'！忧郁狂是足以大大发生变态的！我便为这种变态反常的心理现象而陷于不可救，岂非天乎？"而国民党却将这些文字删去不予发表，反冠以感激轻生以死报国的名义，造成长期未能破解的人生之谜。身体健康状况的严重恶化，以致感到厌世，也可能是陈布雷自杀的又一个原因。由于长期工作劳累，用脑过度长期失眠症使他饱受煎熬，后来竟到了日服五六片安眠药才能入睡，有时临睡时还要加服几片，方可维持五六个小时的睡眠，肉体上已疲惫不堪。他在日记中写道："五日来精神疲惫不支，客人散去时，只能偃息于沙发榻上，不复能长时期久坐也……"于是精神上的刺激和肉体上的折磨，相互交替影响，造成恶性循环，最终导致神经中枢的崩溃。正如他在最后一天日记中所写："每逢心里痛苦时，常有'终结我的生命吧'的念头来袭余之心……"

还有一种流传颇广的说法：因为当时货币贬值，陈布雷多年积蓄所换成的金圆券都成了一堆废纸，他在日记中悲叹："与家人筹划此后生计，不仅无片椽尺地足以在外栖旅，且以币值降落之故，亦略无余储足以坐食三个月。年力渐衰，仍感如此严重之经济压迫，询乎愚忠直道，难以行于今日之世也！"但是陈布雷一生为官清廉，生活俭朴，对钱财不屑一顾，况且身为国民党要员，无论时局怎样也不至于到了影响生计的地步，故因生计为难而轻生实在是近乎荒唐。

真正促使陈布雷自杀的原因到底是什么呢？曾经长期担任陈布雷贴身秘书的陶永标透露过一个信息：陈布雷曾劝蒋介石与中共和谈而遭拒。1948年11月8日，蒋在演讲中表明战斗到底的决心，并斥责主和派。当然主要不是指陈布雷，但这无疑给陈布雷精神上一个巨大的打击。陈布雷彻底失望，于是以身殉职、以尸为谏。正如其夫人所言："谓非时代之牺牲者，抑何可得？"

时过境迁，现今当事人大多也已作古，揭开陈布雷自杀事件的重重疑雾，已成为中国近现代历史研究的一个课题，需要史学工作者的不懈努力，还原历史的本来面目。

"北京人"化石究竟到哪里去了

"北京人"是指生活在距今70～20万年的旧石器时代早期的人类。"北京人"化石的发现确证了直立人的存在，使人类进化的序列得以基本确立，也为"从猿到人"的学说提供了最有力的证据。这些化石被发现后一直保存在北京协和医学院。

1941年，太平洋战争爆发后，一些科学家认为协和医院也不安全了，决定将北京人化石运到美国保存，包括：北京人的5个头盖骨以及头骨碎片15块，下颌骨14块，锁骨、大腿骨、上臂骨、牙齿等147块化石。这些珍贵文物被运到美国大使馆，准备随美国海军陆战队运往美国。但不久有消息传出，这批令世界瞩目的极为珍贵的北京人化石却神秘地失踪了，"北京人"化石究竟到哪里去了呢？

有几种猜测：

第一种猜测是：在秦皇岛被运上哈里森总统号邮船，在赴美途中邮船出现事故，化石沉没海底，具体位置难以查证。

第二种猜测是：运往美国的途中，化石被日军截留，后来几经易

△ "北京人"化石

手，最后下落不明。然而第二次世界大战结束后，美军在日本进行了广泛细致地搜寻，却一无所获。

第三种猜测是：流落到民间。1970年，纽约有一位妇女给当时正潜心寻找北京人化石的科学家克里斯托弗打来电话，声称她丈夫生前曾保存过北京人化石，哈佛大学教授豪厄尔斯看了她提供的照片，认定它们正是失踪的北京人化石。正当人们看到希望的时候，这位妇女又神秘消失了。"北京人"化石的寻找工作不得不戛然而止。直到1991年，美国海军军官、历史学家布朗突然收到当年因"北京人"化石丢失而身陷囹圄的弗利博士的来信，说自己有一些"北京人"化石的线索，但遗憾的是，1992年弗利博士还没有见到化石就去世了。

第四种猜测是："北京人"化石根本就未出北京城，它被埋在美国驻京公使馆的后院里。一个在美国海军陆战队总部门口担任过守卫之职的卫兵回忆说：珍珠港事件爆发前夕，他和一名与美国使馆相通的便门的卫兵，看到两个人抬了一箱东西埋在大使馆后院里，他推测这一箱东西很可能就是"北京人化石"。这一推测的真伪难以证实，因为当年埋宝的地方，现在造有建筑物，因而无法挖掘。

这批神秘失踪的稀世珍宝究竟身处何方，至今还是一个难解的谜。

"中山舰事件" 之谜

 1926年3月18日，时任国民革命军海军局代理局长兼中山舰舰长李之龙（共产党员）接到黄埔军校驻广东省办事处的命令：奉黄埔军校校长蒋介石指令，速派中山舰到黄埔候用。3月19日，中山舰开赴黄埔之后，蒋介石却断然否认调派之事，并以中山舰擅入黄埔是共产党阴谋暴动为由，先后抓捕中山舰代理舰长章臣桐和海军局代理局长李之龙及中山舰上的共产党员，罪名是"中山舰异动"，李之龙"矫令派舰"。3月20日凌晨，宣布广州市戒严，抓捕黄埔军校中的共产党员，围改省港罢工委员会。随后又强迫在第一军中工作的以周恩来为首的全体共产党员退出该军。

 在中国现代史上，"中山舰事件"是著名的"司芬克斯"之谜，至今尚未彻底解开谜底。汪精卫的心腹陈公博在其所著《苦笑录》中说：

 有名的三月二十日之变，也和西安事变一样，同是一个难解之谜。不过三月二十日之变，其难解是原因；而西安事变，其难解是在结果。我听说蒋先生曾在他的日记中略述三月二十日之变的来由，不过截至我写这篇记载为止，蒋先生还没有将他的日记公布，他的记载只是一种非卖品，专用以为对于他的部属宣传，我始终没有读过。只是有一次汪夫人陈璧君对我说过，她一日无意中在汤山俱乐部与我见过一次，我问她怎样说法，她笑了一下说："还不是说那次因为汪先生要杀他吗？"

 蒋介石的心腹王柏龄也在其所著《黄埔创始之回忆》中宣称，"当中详细惟鄙人与蒋先生二人知之"，可是他又说："未待蒋先生许可，我固不敢披露。"

 两位当事人的心腹，一是不知真情，一是知而不言，但有一个共同点，都是将答案推到蒋介石的日记中，这也符合蒋介石自己的说法："若要三月二十日这事情完全明白的时候，要等到我死了，拿我的日记和给各位同志答复质问的信，才可以公开出来，那时一切公案，自然可以大白于天下了。"

然而，蒋介石的日记迄今尚未公布。所幸的是，毛思诚曾读过这部分资料，并将它分类摘抄，一部分经修改后作为《蒋公介石年谱初稿》的写作资料，其中曾涉及此事。

其实，蒋介石对此事也是多猜测而少证据，请看他在事发后不久的解释：

当三月二十日前两天，即三月十八那一天夜晚，无缘无故开两艘兵舰到黄埔来。一艘是中山舰，一艘是宝璧舰，这两舰是在广州最大的舰。当时我并不晓得他是已经开到黄埔来了。到了第二天，即十九日，有一同志——他的名字不能宣布——问我，起初见面时就问我："今天你黄埔去不去？"我说："今天我要回去的。"后来离别了他之后，到了九点至十点钟模样，那同志又打电话来问我："黄埔什么时候去？"如此一连打了三次电话来问我什么时候去，当他打第二次的电话，我还不觉得什么，直到第三次来问我的时候，我觉得有些稀奇，为什么那同志今天总是急急地来问我去不去呢？如果没有缘故，他从来没有这样子来问的。我后来答复他说："我今天去不去，还不一定。"他晓得我是不去黄埔了。后来不到一点钟的时候，李之龙就打电话来问我，说他要调中山舰回省城，预备给参观团参观。我问他中山舰什么时候开去的，他答昨晚上开去的。我说我没有叫你开去，你要开回来，就开回来好了，何必问我做什么呢？因为十九日十点钟，晓得我不回黄埔，所以当日下午就叫中山舰回省城，开到省城的时候，已是天黑了。因为李之龙上午的电话，我很奇怪，为什么既没有我的命令要中山舰开去，而他要开回来，为什么又要来问我？因为从来开船并没有来问过我的。后来问他："哪个叫你开去的？"他说是校长的命令，又说是教育长的命令。我要他拿命令来看，他又说没有，是打电话来的。这事情模糊极了。等到中山舰回省城之后，应该没有事情就要熄火，但他生火生了一夜晚，形同戒严。中山舰到了黄埔，因为我不回黄埔在省里，他就开回来省城，这究竟是为什么呢？所以我一面派兵到中山舰去震慑，一面要李之龙来询问，因为他是代理海军局长，不能不负责任。这就是当时的情形。其余的话，现在还不能发表。总之，现在这事情还没有十分明白，我亦不愿意十分追究。

蒋介石在此谈话中提到的某位不断给他打电话的"同志"，就是汪精卫，是他的政敌。他的怀疑出发点即在于中山舰突然无缘无故的频繁调动，他担心这其中将有不利于他的行动。由此可见，他后来做出的反应全部是建立在臆测的基础上的。

让我们再听听海军局长李之龙的申辩。他在后来所著的《三二〇反革命政变真相》一文中回忆说，此事他完全不知情，一切都是按规定做的：

三月十八日晚上，有三人来文德楼之龙寓所，一人声称奉蒋校长命令，有紧急之事，饬派能战斗军舰两艘开赴黄埔，瞬校长调遣。时适之龙外出，此三人即交下作战科邹科长一函留呈之龙。及之龙是晚回家启视，该函略云："军校办事处欧阳钟秘书来局，谓奉黄埔邓教育长电话，转奉蒋校长面谕，饬海军局即派得力军舰两艘开赴黄埔，听候校长调遣。职（邹科长自称）已通知宝璧舰预备前往，其余一艘，只有中山、自由两舰可派，请在此两舰决定一艘"云云。之龙阅毕，即往对门自由舰长谢崇坚家商量派该舰前往。据自由舰长云，该舰新从海南返省，机件略有损坏，现正在修理，即时不能开行。之龙遂决定派中山舰前往听候差遣。未几，宝璧黄舰长持邹科长函来请之龙下一命令。之龙遂用笺纸写了两张命令，一交宝璧舰长，一请代交中山舰章舰长。该两命令略云："着该舰长即将该舰开赴黄埔，听候蒋校长调遣"等语。此乃军校驻省办事处来要舰与之龙派舰的经过情形也。

李之龙这番辩解，还有实物佐证：作战科邹科长的那封信函虽然后来被毁，但却留下了一个信封。原来是李之龙阅信后并未装上，这一小小的粗心，成了洗刷自己的铁证。

除此之外，海军局内还存有黄埔军校驻省办事处的索舰公函，且编号存案。这一纸公函也证明了李之龙的无辜：

军校驻省办事处要舰公函

敬启者，顷接

教育长电话，转奉

校长命令，着即通知海军局迅速派得力兵舰二艘，开赴黄埔，听候差遣等因，奉此，相应通知贵局，速派兵舰二艘开赴黄埔为祷。

此致

海军局大鉴

中央军事政治学校驻省办事处启

三月十八日

由此看来，李之龙调舰至黄埔是奉命而为，无罪可究。

但是蒋介石却断然否认下过此类命令。

蒋介石说得也是事实。

这其中的隐情却是极简单的偶然。事件发生后，黄埔军校内部也进行了详细调查，根据军校驻省办事处交通股股员王学臣的报告，此乃他耳误的结果：

三月十八日午后六时三十分，接驻校交通股黎股员时雍电话云：因本晚由上海开来安定商轮已被一股土匪抢劫，现泊黄埔鱼珠上游，奉孔主任谕，派卫兵十六名，巡舰一只，前往商轮附近保护，以免再被土匪抢劫。只因此时接电话听不明了，但有饬赵科长限本夜调巡洋舰一、二艘以备巡查之用。

问题的关键就出在此处，黎时雍根据指示，请驻省办事处派出巡舰（即巡逻艇），但由于王学臣未听确切，改成派巡洋舰一至两艘。"失之毫厘，差之千里"，他这一字之增，让这一段历史顿时动荡变色。

再说王学臣接到电话，立即报告驻省办事处主任欧阳钟，即亲赴海军局交涉。当时李之龙正外出，作战科长邹毅当面答应了他的请求。至于是否将调舰命令升格为蒋介石令，却没有确切记载。但第二天邹毅要他补办调舰公函时，他毫不犹豫地补办了。因此可否猜想，在交涉调舰时，欧阳钟是抬出蒋介石招牌来的。

　　至于为何将中山舰从黄埔调回，李之龙也有详细解释：

　　十九日……邹科长又对之龙说：顾问询中山舰在省否，因苏俄参观团要参观军舰。之龙遂一面饬给养科给发新军衣，一面打电话向蒋介石请示，因是日参观团参观舰队，可否调中山舰返省。当承蒋介石允许，故电该舰返省，预备参观。及是晚六时许，中山舰长章臣桐来寓报告之龙云：昨晚未得你的命令时，在海军俱乐部中遇邹科长，他曾对我（章臣桐）说过了。我（章臣桐）当时答云，如无舰可派，则中舰可以去。及接你（称之龙）的命令，即行准备。次早六时许，开赴黄埔。抵埠时曾报告邓教育长，并请示任务。邓答云不知，恐为日本商船某事，可稍待后。后得你的电报及学校通知，始返省云云。此乃十九日调舰回省之手续与章臣桐之报告也。中山舰是当时广州政府最先进的巡洋舰，苏联顾问要参观舰队，李之龙当然要将它调回装点门面，这也是符合情理的。

　　至于引起蒋介石疑窦的那个电话，李之龙也有合理的解释："派舰时，因邹科长信中谓省办事处来员云，系接邓教育长（演达）电话，转奉蒋校长面谕云云。之龙忖思此语，料蒋校长必在黄埔无疑，故不能径向蒋请示也。次日邹科长告之龙谓：办事处说，蒋已返省，故之龙向蒋请示，可否调中山舰回省预备参观。"

　　由此可见，中山舰的调动虽然异常，却是事出有因。但为什么却造成蒋介石的惊慌失措，甚至不惜大打出手，发动这场骇人听闻的事变。自称了解秘密的王柏龄将这笔反共的功劳算在了右派组织孙文学会的头上："中山舰云者，烟幕也，非真历史也，而其收功之总枢，我敢说，是孙文主义学会。"似乎这一事件是孙文学会策划密谋的。

　　王柏龄的话让人不能尽信，因为在他的回忆中曾提及，三月十九日早晨，蒋介石曾召见他专门讨论过此事，而他当时的反应却是："真是一个大炸雷，丈二的和尚，摸不着头脑。"既然他在此之前毫无了解，那么作为孙文学会的幕后支持者，学会如有这样大的举动，怎会瞒过他？因此，孙文学会参与此事一说不能成立。

此外还有另一种传说，这是西山会议派的反共分子导演的一出"杰作"。

西山会议派的骨干人物邹鲁曾得意洋洋地告诉别人，当时他们阴谋分裂广州政府，让蒋介石和共产党分家，玩弄了一个小小的把戏。

邹鲁与当时任国民常中央执委的伍朝枢商量，一个在外面想办法，一个在里面想办法，设计一个圈套让蒋介石钻进去。

伍朝枢是个极右分子，也很有手腕，他定下了一个离间计。头天晚上，他刚宴请苏联领事吃饭，第二天又将蒋介石左右人拉来做客，

△ 蒋介石

席间有意无意道，他昨晚请苏联领事吃饭，听说蒋先生最近要去苏联，他问他们可否知道具体行期。

蒋介石得知这一情报后，随即警惕起来，他连续三次向汪精卫试探，说自己感到极度疲乏，想去苏联作短暂休息，一可以和俄国当局接触，再可以多学些军事知识。在第二次试探时，得到了汪精卫的同意。蒋介石还进一步提出要求，希望曾仲鸣和陈璧君陪他出国。而陈璧君是个好事之徒，天天催蒋介石动身。碰巧俄国有一条船来，并且请蒋介石参观，听说当日蒋介石要拉汪精卫同去，而汪因已参观过没有答应，于是蒋便以为这条船是预备在他参观时扣留他直送莫斯科的。因此决定反共反汪，这就是三月二十日事变的真相。

这件事说得有枝有叶，不像是空穴来风，还有其他材料可以佐证。

当时任广州《民国日报》总编辑的陈孚木，后来在《国民党三大密案》

一文中也提到了与邹鲁所述相同的情节，即伍朝枢造谣说季山嘉与汪精卫已取得一致，欲将蒋介石劫持到苏联，并通过邹鲁再传给蒋介石的亲信朋友，如陈果夫、张静江、戴季陶等人耳里，从而挑起蒋介石的疑惧心理。于是王柏龄便与欧阳格等人商量，决定诱使中山舰异动，从而造成事件的发生。

以上所述，固然曲折引人入胜，但如果说"中山舰事件"是西山会议派一手策划的，未免证据不足，漏洞百出。邹鲁、陈孚木都是事后追忆和研究，尽可以按历史的事实来演绎、附会。我们可以设想，纵使伍朝枢谣言起了作用，如果十八日晨虎门附近没有发生劫船案，又何需调动船舰？如果不是王学臣接电话有误，又何来出动中山舰？如果不是汪精卫十九日上午连打三个电话，引起蒋介石疑心，蒋又何至于立时翻脸？因为他发动中山舰事变也是踌躇再三，他的实力在当时还是有限的。如果不是苏联顾问来参观，李之龙又何需将中山舰急急调回？这里面任何一个环节发生失误，这一阴谋均要告吹，而这每一关键之处，都不是西山会议派及其他右派分子所能左右的。

因此有研究者认为，所谓"中山舰事件"完全是由蒋介石的疑心、鲁莽、判断失误造成的，他确实是认为有可能发生对他不利的情况，因此采取先发制人的行动。很有可能事发后不久，他就察觉出自己的判断失误，但这一失误却得到了许多意想不到的收获。然而为难的是如何向世人有个明白的交代，因此只能欲语又止，将答案推到永远的将来。所以有人甚至猜测，即使将来蒋介石的日记原本现世，也不可能有什么准确打开此谜的钥匙。

东陵浩劫的罪魁是谁

1928年7月4日至7月10日间，清东陵发生了最为惨重的浩劫。据当地老村民回忆，由于事前的军事封锁，大家都不敢出门，只听到陵区内炮声隆隆，还以为是剿匪或者军事演习。可是等到一切平静下来，有大胆者进陵，才发现皇陵被盗了。乾隆帝裕陵和慈禧太后定东陵地宫被炸开，现场一片狼藉，墓中富可敌国的珍宝被洗劫一空。

清东陵发生的惊天掘墓开棺案被报道后，舆论立刻哗然，社会各界纷纷要求严惩凶手，保护文物。清室遗老们更是义愤填膺，悲痛欲绝，溥仪号啕大哭，发誓报仇。那么究竟是谁，犯下了这令国人至今痛惜不已的弥天大罪呢？

相信今天的人们，大多都通过书籍、影视等作品了解到，是一个叫孙殿英的军阀盗掘了皇陵，这个人也因此留下了"东陵大盗"的万世恶名。然而查阅史料却发现，当时孙殿英并没有受到任何法庭的传讯和起诉。孙殿英在东陵案发后还曾宣称，那是土匪盗陵，自己所率部队得到的珍宝完全取自土匪手中。

难道真有另一支土匪盗取了皇陵，孙殿英只是坐收渔翁之利？直到今天，在谁是真正的盗墓者这一关键问题上，就是研究清东陵的专家们也时常陷入困惑。东陵罪魁是否还另有其人？孙殿英是个什么样的人物，他是如何被后人定为盗陵元凶的，最后又怎样逃脱了惩罚，这中间究竟有着怎样的惊天内幕？

孙殿英，河南永城人，名魁元，一般也叫孙老殿，因为出过天花满脸麻子，也有人叫他孙麻子。此人出身贫寒，自幼就跟流氓地痞鬼混，出入赌场，精于赌技。年长后更是不务正业，闯荡江湖，广结流氓恶棍、军警胥吏，开设赌局，贩卖毒品，坑骗钱财。后来孙殿英又加入了豫西的庙道会，利用该组织贩运鸦片，制造"红丸"，大发横财，并购买枪支，纠集徒众，发展势力。1922年，孙殿英投靠河南陆军第一混成团团长兼豫西镇守使丁香玲，被委为机枪连连长。依仗丁香玲的权势，大肆贩毒。1925年春，孙殿英又投靠镇嵩军憨玉昆任旅长和国民革命军第三军副军长。同年秋，又率部投靠山东督办张宗昌。1928年，国民革命军北伐中原，奉军大败。原属奉系的孙殿英接受蒋介石收编，摇身一变成为国民革命军第十二军军长，进驻河北东陵附近。正是在孙部驻防期间，清东陵迎来了这次惨重的浩劫。

不过，由于事前孙殿英发出告示要在此地进行军事演习（也说是剿匪），清东陵方圆数十里内全部戒严，没有人知道盗墓者的来龙去脉。东陵盗案发后，面对强大的舆论压力，负有管辖权责的平津卫戍区总司令阎锡山下令严查。起初各方对盗墓者的猜测众说纷纭，并没有十分明确的目标。而这其中首先把矛头指向第十二军的是一个叫和钧的满族守陵官员。

和钧奋笔疾书向溥仪报告了东陵被盗后的惨状，同时指出当时国民革命军第十二军就驻扎在东陵附近的遵化，很可能是这支部队看见陵内守护形同虚设，从而监守自盗。不过这个报告在当时并没有引起人们的注意，真正让人们对第十二军产生怀疑的是随后又发生的一件事。

这年8月的一天，北京琉璃厂规模最大的古玩铺"尊古斋"迎来了一位神秘的客人，此人携带了一批罕见的绝世珍宝，并急于出手。老板黄百川热情地接待了他。双方经过一番讨价还价，最后以十万元秘密成交。不料走漏了风声，事情败露，二人因涉

△ 东陵

嫌贩卖国宝罪被北平警备司令部拘捕。经过审讯后得知，这位涉嫌销售东陵珍宝的神秘男子正是第十二军的师长谭温江。

这一事件被报道后，舆论再次哗然，人们自然把怀疑的目光投向了身为谭温江顶头上司的十二军军长孙殿英。

面对这种情况，1928年七八月间，孙殿英向自己的顶头上司发出了一系列报告文电，解释了这些珍宝的来龙去脉；日本人创办的《顺天时报》连续13天全文刊登了这些文电内容。其中孙殿英详尽记载了东陵被盗前后十二军的换防调动情况，并着重指出：应乡绅之请，派部剿办盘踞马兰峪之悍匪马福田，这 仗缴获战利品若干，列出清单上缴。从清单上看，这些从土匪手中缴获的战利品大都是十分贵重罕见的珍珠翡翠。

在偏远贫瘠的遵化马兰峪，这些珍宝来自何方？显然出自地下皇陵。那么报告中所说的马福田惯匪，究竟是什么来头，是否有盗陵之举呢？据考证，北伐战争后期，原来占据东陵的奉军溃退关外而国民革命军尚未到来之际，东陵地区散兵游勇、土匪、强盗活动频繁，这其中确以土匪马福田势力最大。

马福田是清东陵东沟村人，早年就是一名土匪，专靠"绑票"过日子，后来投靠奉军当了团长。奉军败退后，他又纠集散兵游勇做起了土匪。对于马是否盗陵，今天有关专家分析："也是可能的。因为在东陵盗案发生18年后的1945年，马匪又窜回东陵，把当时没挖的几个陵盗掘了。"但是这次东陵被盗是否是他所为，就不得而知了。

由于当时清东陵被盗案情况复杂，土匪盗墓的可能性确实很大，孙殿英的报告立即发挥了作用。与此同时被捕的谭温江也一直否认自己参与过盗陵，关于珍宝来源，他也解释是缴获自土匪。因为查无实据，案件的审理一时陷入僵局。

事情并未就此结束，同年8月4日，在驶往青岛的一般名叫"陈平丸"的轮船上，青岛警察厅抓获了两名逃兵，从他们身上搜出36颗珍珠，还有国民革命军第十二军的标志。经过一番审讯，一名叫张歧厚的逃兵承认参与了东陵盗墓，从而把人们的目光再次引向孙殿英。

当时的报纸记载了张歧厚的自供："今年五月（公历7月）间……由军长（孙殿英）下命令，教工兵营用地雷将西太后及乾隆帝二坟炸开……我这三十六颗珠子就是在西太后的坟里拾的。我因当兵不易发这些财，再跟着队伍打仗去也无益，所以才由杨各庄偷着跑到天津卖了十颗珠子，卖了一千二百元钱……"这是第一份直接指证孙为盗墓嫌疑人的重要证据，产生了极大的影响。

南京国民政府迫于舆论压力，开始催促平津卫戍区总司令阎锡山尽快破案。1928年11月，当时的四大集团军首脑都派出自己的代表组成高等军法会来会审此案，东陵盗墓案真相一时大有水落石出之势。

对此，不仅清皇室，社会各界人士也都翘首以待，期望早日查明真相，给大家一个交代。然而令人奇怪的是，如此备受关注的案件，却一拖再拖，迟迟不见下文。直到1929年4月底，也就是东陵被盗将近一年后才开始预审，经过匆匆一个半月的审理后，高等军法会在6月中旬宣布了预审终结，结论是：东陵盗案系遵化驻军勾结守陵满员，盗墓分赃。对于所谓的"遵化驻军"是哪支部队？幕后主使究竟是谭温江还是孙殿英？判决草案模糊不清，含糊其辞。

按照程序，高等军法会将"预审判决草案"的全部卷宗，呈交南京国民政府，静候最高当局的复核、宣判和执行。然而，案卷上报后却再也没了下文。为什么会这样呢？原来，当时无论是阎锡山还是蒋介石都是各怀鬼胎，明争暗斗，双方的军事大较量即将展开。而孙殿英手握一部分兵权，是双方都力争拉拢的对象。因此，谁也不愿意得罪孙殿英。

1930年4月，中原大战爆发。孙殿英见反蒋势力强大，再次易帜，投靠冯玉祥和阎锡山集团，被羁押在阎锡山辖区北平陆军监狱的谭温江也获得释放。这个东陵要犯，正如当时一家报纸所言"不知何故又将其释放"，自此东陵盗案不了了之，成为民国历史上最大的悬案之一。

1949年后，曾在孙殿英身边任参谋长的文强回忆，孙殿英曾不无得意地对他说："乾隆帝墓中陪葬的珠宝不少，最宝贵的是乾隆帝颈项上的一串朝珠，上面有108颗珠子，听说是代表十八罗汉的，都是无价之宝。其中最大的两颗朱红的，在天津与雨农（戴笠）见面时，送给他做了见面礼。还有一柄九龙宝剑，有九条金龙嵌在剑背上，还嵌有宝石，我托雨农代我赠给委员长（蒋介石）和何部长（何应钦）了……"孙殿英还："慈禧太后墓被崩开后，墓室不及乾隆帝墓大，但随葬的东西就多得记不清楚了……（其中的）翡翠西瓜托雨农代我赠宋子文院长，口里含的一颗夜明珠，分开是两块，合拢就是一个圆球，我把夜明珠托雨农代我赠给蒋夫人（宋美龄）。宋氏兄妹收到我的宝物，引起了孔祥熙部长夫妇的眼红。接到雨农电话后，我选了两串朝靴上的宝石送去，才算了事……"

这段记载也许回答了清东陵盗墓案最终风平浪静的又一原因和一些不为人知的内幕，更成为今天人们判断孙殿英是盗陵主谋的引用最广的证据。除此之外，有关学者还从民国时期的档案中发现了一些蛛丝马迹，比如一份档案中曾提到在乾隆帝裕陵地宫内发现一个军用铁尖锄，还有带着黄色炸药痕迹的墙砖碎块。另一份档案记载，案发后，当地百姓曾经看见第十二军的士兵到集市上，许多人裤脚沾满白灰。这个奇怪的现象意味着什么呢？专家认为由于东陵地宫为三合土夯成，地宫渗水，地上积满白灰浆，这正好表明了第十二军盗墓是实。再说定陵和裕陵规模宏大，坚固无比，如果没有主使，组织大量人力，也不可能在短时间内得手。

从现在掌握的资料来看，学者们认为尽管不能怀着先入为主的观念武断谁是真正的东陵大盗，但孙殿英无疑仍是最大的嫌疑人。

东陵神秘的地宫是怎样被打开的

众所周知，历代皇陵都修建得固若金汤，甚至传说地宫还布满机关暗器。清东陵裕陵是乾隆皇帝的陵寝，修建于清朝最鼎盛时期，耗银200多万两，遍选天下精工美料，陵墓美轮美奂，坚固无比。慈禧太后的定东陵建于清末，工程前后耗银227万两，持续14年，直到她死前才完工。陵墓金碧辉煌，奢华程度连皇宫紫禁城也难以匹敌。皇陵最重要的部分就是那高高封土宝顶下的地宫，那是安放帝后棺椁的地方。但据资料记载，陵墓的地宫"系用尺厚四尺纵横之玉石十三层建筑砌成。墓门三层，其外层门，系用尺余厚之玉石制造，第二、第三层两层，系铁质包金者，墓门内又有数千斤重之石球，由门外用巨绳牵引，使其自动滚入门后之深槽内封锁盗墓者。至墓门外更有五尺厚墙一堵，以资掩护"。因此如果不能准确地找到入口，要想进入地宫是相当困难的。由此我们不禁疑问，当年东陵盗墓者是如何进入地宫的？

从陵墓被盗后拍摄的照片看，起初匪兵们确实不知道地宫入口在哪里，而是遍地乱挖，宝顶上、配殿外、明楼里，都留下了他们挖掘的痕迹。那么他们后来又是如何找到入口的呢？

有一种说法是，盗墓者找到了当时建造陵墓的知情者，在其帮助下找到了入口。有的书上是这样叙述的：工兵营在陵寝各处连续挖了两天两夜找不到地宫入口。孙殿英急了，派人把当地地保找来。这个地保是个40多岁的小地主，听说是要为盗皇陵当"参谋"，顿时吓得脸色蜡黄，浑身发抖，但又不敢得罪这个军长，只好说："陵寝面积这么大，我也不知道入墓穴的具体位置，还是找几个附近的老旗人问问吧！"孙殿英一听，立即派人抓来了五六个老旗人。但这些老人也不知道地宫入口，孙殿英以为他们不说实话，开始还好言哄劝，渐渐失去耐心，就用鞭子抽、烙铁烙。老人哪经得起这般折腾，不大一会就死去两个，有一个实在受不了这罪，说出离此地十多公里有个姜石匠，曾参加过修筑陵墓，兴许还记得地宫入口的位置。

这个姜石匠是否知道地宫入口呢？我们知道，古时修筑皇陵，为了不让外人知道地宫入口，封墓的工匠往往都被处死，不会留下活口。如果姜石匠参与了封闭陵墓最后一关封闭隧道，他有活下来的可能吗？当年慈禧太后入葬时，的确有81人被留下封闭墓道，并被告知完事后从另一隧洞出去。工匠们都知道这意味着什么。姜石匠也在其中，但是他却不想就这么死了，因为他都40多岁了，几天前才听说老婆给他生了个独生子，他可不想连儿子都没看上一眼就死了。他正胡思乱想间，脚下一滑摔倒在地，恰巧被他自己搬的石头砸在身上，当场昏死过去。监工见他半天不醒，断定这家伙已经死了，就让人把他扔到了荒山上。谁知这个石匠命大，半夜时分就醒过来了。他见自己不在墓地里，连高兴都忘了就拼命跑回了家。

得知姜石匠知道地宫入口的消息后，不顾深更半夜，孙殿英马上命人把姜石匠"请"到东陵。姜石匠迷迷糊糊不知发生了什么事，孙殿英对他说，请指点一下进入慈禧太后寝宫的墓道入口就送你回去。姜石匠知道是怎么回事后，吓得跌坐在椅子上。姜石匠想，我怎么能做这种缺德事呢？孙殿英用元宝、金条来引诱，姜石匠还是一言不发。孙殿英很不高兴，真想大刑伺候他一番，可是他又一想，如果这个笨蛋经不住折腾，没了小命，我不就找不到墓道入口了吗？于是，他眼珠一转，把桌子一拍，对着姜石匠骂道："妈的，给你脸你不要脸，再不说把你儿子抓来！"姜石匠一听这话，扑通一声跪倒地上。第二天，姜石匠乖乖地帮孙殿英找到了墓道口。

故事也许不可信，不过当年调查东陵盗案的国民政府接收委员会主任刘人瑞曾经接到报告：当时盗墓部队挖掘时，有人看见有两名白胡子工兵在现场。工兵中可能有这么大岁数的吗？刘人瑞当时就怀疑这二人可能是当初筑陵时的工人。今人分析，这种情况是完全可能的，按照古制，东陵周围几个村庄住着的都是守陵人的后代，不排除会有个别当年参加或者目睹过建陵的幸存者，盗墓部队很可能找到了这类了解内情的人。

还有一种说法认为，清代负责皇家陵寝建筑事务的机构样式房保存有大量陵寝设计施工时的图纸、烫样，这些资料清楚地记录了清东陵的结构秘密。清帝退位后，样式房随之衰落，这些曾经属于清宫秘档的物品，随着样式房工匠们的四散谋生，而大量流落到民间。由此，当年的匪军可能找到了一份这样的施工图纸，从而最终顺利找得了地宫入口。

当然，当时的情况究竟如何，已经无法知道，但不管怎样，盗墓匪兵们最终还是进入了地宫。今人可以想象，由于害怕传说中的暗器，走在这阴森恐怖、霉臭刺鼻的斜坡甬道上，士兵们肯定是精神高度集中，相当害怕。东陵被盗后，当地留下一些传说，其中就有盗陵士兵死于地宫的。有人说是胆小吓死的，有人说是争抢财宝自相残杀，还有说士兵中墓中的暗器死的，众说纷纭，莫衷一是。

至于匪兵们如何打开慈禧太后棺椁的，有些资料倒是可以给我们提供一些信息。在一本名为《世载堂杂忆》的书中有一段据称是盗陵连长的回忆：他们是用刀斧砍开光芒四射的金漆外椁的。外椁被砍开后，匪兵们看见了一具红漆滇金的内棺。匪官们怕伤及棺内宝物，就严令匪兵不要用刀斧去砍。于是，匪兵们小心翼翼地用刀子撬开了内棺。该连长说："当时将棺盖揭开，见霞光满棺，兵士每人执一大电筒，光为之夺，众皆骇异。俯视棺中，西太后面貌如生，手指长白毛寸余……珠宝堆积棺中无算，大者由官长取去，小者由各兵士阴纳衣袋中。于是司令长官下令，卸去龙袍，将贴身珠宝搜索一空。"孙殿英在谈起当时的情景时不无炫耀地说："老佛爷（慈禧太后）像睡觉一样，只是见了风，脸才发了黑，衣服也拿不上手了。"

另外，据《孙殿英投敌经过》一文记载："乾隆帝的墓修得堂皇极了，棺材里的尸体已经化了，只留下头发和辫子。陪葬的宝物不少，最宝贵的是颈项上的一串朝珠，有108颗，听说是代表十八罗汉，都是无价之宝。其中最大的两颗朱红的……"清东陵终于在盗匪们的贪欲下，惨遭破坏，留下了永远无法弥合的重创！

东陵有多少珍宝被盗，如今流落何方

　　慈禧太后的定东陵和乾隆帝的裕陵这次被挖掘盗走了多少稀世珍宝，成了永远的历史之谜，我们只有通过一些相关的资料管中窥豹，对其有个大致的了解。据有关资料记载，早在慈禧太后生前，地宫刚修好之时，就有大量殉葬物品陆续放入，直到慈禧太后入葬关闭地宫为止。这些珍宝本身的材质就已价值连城，其所包含的艺术价值更是无法估量。比如翡翠西瓜，青皮、红瓤、白籽黑丝；翡翠甜瓜，有白皮黄籽粉瓤的，有青皮白籽黄瓤的。又比如玉藕，藕上有污泥，且在节处生出绿荷花，开出粉红荷花。这些珍品件件巧夺天工，总价值无法估量，说其可以富国毫不夸张。

　　乾隆皇帝在位期间，国家强盛，文化繁荣，乾隆帝本人精通书画诗词，酷爱金鼎玉石陶瓷。在他死后，他生前喜爱的那些物品大多陪葬入地宫。不过由于史料记载有限，我们已经无法对这些宝物一一历数。其中的书画、金鼎玉石、瓷器等，宝物之多、价值之大不可计数。史料记载，孙殿英从地方强行征集了30辆大车。后人推测这些车就是用来运送东陵珍宝的。

　　孙殿英率部离开后，听到风声的散兵游勇和土匪一起奔向东陵，他们很快扒开地宫入口，蜂拥着钻入地宫，将剩余的珠宝洗劫一空。

　　那么，这些价值连城的珍宝最终流落到了什么地方呢？珍宝的命运大致有四：一部分被孙殿英用来四处行贿，落入了当时一些权贵之手。比如前面已述的，送给戴笠、蒋介石或何应钦、宋氏兄妹、孔祥熙夫妇等。另外，孙殿英的上司国民党陆军上将徐源泉，也接受了孙的大量贿赂，甚至还传言徐源泉在湖北汉口附近的仓阜镇上修建的徐公馆地下还埋藏有一部分珠宝；一部分被孙部下瓜分，比如前面提到的张歧厚，只是一个普通的士兵，在地宫被盗后还从里面捡到了46颗珠子。那么，可想而知孙部的其他官兵们也自然人人有份。这些珠宝或者被变卖或者流落民间，下落不明；一部分珍宝被变卖或走私到国外，比如上面提到的师长谭温江就试图把大批珍宝变卖到琉璃厂古玩铺，这只是其中的一个花絮，当时变卖东陵珍宝的交易相当活跃。据记载，东陵珍宝被盗的消息也刺激着北平天津一带颇为兴盛的古玩业的老板们。当时，小小的遵化县城几乎住满了一些"形迹诡秘"的生意人，这些人都是闻讯前来寻宝和购宝的古玩商。由于这些交易都是在极秘密状态下进行的，交易双方都秘不外宣，从而造成东陵珍宝的大量流失。比如1928年8月14日中央日报有则新闻，天津警备司令部又在海关查获企图外运的东陵文物，计有35箱，内有大明漆长桌一张、金漆团扇及瓦麒麟、瓦佛仙、瓦猎人、瓦魁星、描龙彩油漆器、陶器等，系由某古董商委托通运公司由北平运到天津，预备出口，运往法国，价值2.2万元。同时，在遵化还截获了所谓国民政府内务部接收大员宋汝梅企图携带的铜质佛像24尊，以及乾隆帝所书用拓印条幅10块等。当时有关东陵珍宝的这种报道屡见不鲜；孙殿英向上司徐源泉上交的两箱珠宝，有史料记载，东陵盗案曝光后徐源泉未敢全部私藏，而是由北平卫戍司令部出面把它们存入大陆银行，当时还曾请古玩专家进行鉴定何为乾隆帝葬物，何为慈禧太后葬物。后来随着高等军法会审理的不了了之，这批文物送到何处去就不知道了。有说当时被送到了故宫博物院，但后来随着抗战和内战的相继爆发，这部分文物究竟被送到了台湾还是留在了大陆，或者一部分留在了大陆，一部分被送到了台湾，就弄不清了。

　　总的来说，这些无价珍宝最终被弄得七零八落，不知去向。

慈禧太后墓中珍宝知多少

清内务府的《孝钦后入殓、送衣版、赏遗念衣服》册中，对慈禧太后墓中的珍宝有着详细的记载：

光绪五年三月二十五日（1879年4月16日）在地宫安放了金花扁镯一对，绿玉福寿三多佩一件，上拴红碧瑶豆三件。

光绪十二年三月二日（1886年4月5日）在地宫中安放红碧瑶镶子母绿别子一件，红黄碧瑶葫芦一件；东珠一颗，正珠一颗，红碧瑶长寿佩一件，正珠二颗。

光绪十六年二月二十九日（1890年3月19日）在地宫安放正珠手串一盘，红碧瑶佛头塔，绿玉双喜背云茄珠坠角，珊瑚宝盖、玉珊瑚杵各一件，绿玉结小正珠四颗。黄碧瑶葡萄鼠佩一件，上拴红碧瑶豆一件。红碧瑶葫芦蝠师一件，上拴绿玉玩器一件。绿玉佛手别子一件，上拴红碧瑶玩器一件。红碧瑶双喜佩一件，上拴绿玉一件。

光绪二十八年三月十日（1902年4月17日）在地宫安放白玉灵芝天然小如意一柄，白玉透雕凤龙天于地支转心璧佩一件，红碧瑶一件。

光绪三十四年十月十二日（1908年11月5日）在地宫安放金镶万寿执壶二件，共重一百九十七两七钱一分，上镶正珠四十颗，盖上镶正珠六十颗，米珠络缨一千零六十八颗，真石坠角。金镶珠石无疆执壶一件，共重九十一两六钱，上镶小红宝石二十二件，底上镶小东珠二十颗，盖上镶碎东珠二百零四颗，米珠络缨五百三十四颗，真石坠角。金镶珠石无疆执壶一件，共重九十三两七钱，上镶小宝石十六件，底上镶小东珠二十颗，盖上镶小东珠二百零四颗，米珠络缨五百三十四颗，真石坠角。金镶真石玉杯金盘二份，每盘上镶东珠二颗，共重六十六两五钱五分。金镶珠杯盘二份，每盘上镶东珠八颗，杯耳上镶东珠二颗，共重六十八两三钱二分。雕通如意一对。

光绪三十四年十月十五日（1908年11月8日）在地宫中安放金佛一尊，镶嵌大小正珠、东珠六十一颗。小正珠数珠一盘，共二百零八颗。玉佛一尊。玉寿星一尊。正珠念珠一盘，计珠二百零八颗，珊瑚佛头塔，绿玉福寿三多背云，佛手双坠角上拴绿玉莲蓬一件，珊瑚古钱八件，正珠二十二颗。正珠念珠一盘，计珠二百零八颗，红碧瑶佛头塔、镀金点翠，镶大正珠，背云茄珠，大坠角珊瑚纪念蓝宝石，小坠角上穿青石杵一件，小正珠四颗，镀金宝盖，小金结六件。正珠念珠一盘，珊瑚佛头塔，背云烧红石金，纪念三挂，蓝宝石小坠角三件，加间小正珠三颗，珊瑚玩器三件，碧玉杵一件。雕珊瑚圆寿字念珠一盘，计珠一百零八颗。雕绿玉圆寿字佛头塔，荷莲背云，红碧瑶瓜瓞大坠角上拴白玉八宝一份，珊瑚豆十九个。珊瑚念珠一盘，碧玉佛头塔，背云红色，纪念三挂，红宝石小坠角三件，催生石玩器三件。

这些都是慈禧太后生前明记在案的地宫殉葬物品，无一不是价值连城的宝物。慈禧太后死后，随之入殓的物品更多、更珍贵，内廷大总管李莲英的嗣长子李成武是慈禧太后的贴身侍卫，熟知内情，在《爱月轩笔记》中详细记着：

"太后未入棺时，先在棺底铺金丝所制、镶珠宝之锦褥一层，厚约七寸。褥上覆绣花丝褥一层，褥上又铺珠一层，珠上又覆绣佛串珠之薄褥。一头前置翠荷叶，脚下置一碧玺莲花。放好，始将太后抬入。后置两足登莲花上，头顶荷叶，身着金丝串珠彩绣礼服，外罩绣花串珠挂，又用串珠九练围后身而绕之，并以蚌佛十八尊置于后之臂上。以上所置之宝系私人孝敬，不列公账者。众人置后，方将陀罗经被盖后身。后头戴珠冠，其旁又置金佛、翠佛、玉佛等一百零八尊。后足左右各置西瓜一枚，甜瓜二枚，桃、李、杏等宝物共大小二百件。后身左旁置玉藕一支，上有荷叶、莲花等；身之右旁置珊瑚树一枝。其空处，则遍洒珠石等物，填满后，上盖网被一个。正欲上子盖时，大公主来。复将蛛网被掀开，于盒中取出玉制八骏马一件，十八玉罗汉一份，置于后之手旁，方上子盖，至此殓礼已毕。"

东陵盗宝案审理之谜

发生在20世纪20年代末的孙殿英东陵盗宝案曾轰动全国，为了筹措军费，他竟然不惜挖开前清东陵，疯狂盗取和破坏文物。事发后，许多人都认为他罪不可赦，必受政府严惩。然而随着时间的推移，南京国民政府对此竟然是大事化小、小事化了，最后不了了之。个中情由，让人不解。

孙殿英东陵盗宝案被报界披露之后，舆论汹涌，甚至连南京国民政府也是大动肝火，蒋介石发布命令："呈文具悉，通饬所属，一体严密缉拿，务获究办，毋稍宽纵，此令。"

然而孙殿英却轻松逃过南京政府的追究，个中秘密何在？且看下文。

原来，蒋介石的发怒并不仅针对孙殿英的盗墓行径，他担心的是，孙殿英部此时正驻防于阎锡山的地盘，一旦得到这些珍宝，财力大增，由此而扩充队伍，再与阎锡山勾搭上，将后患无穷。

阎锡山确实也想收编孙殿英这支带有土匪性质的队伍，但孙殿英为人狡猾难羁，对这样的人一味怀柔未必管用，这次擅自掘开东陵窃宝就是明证。必须软硬兼施，方可使其就范。阎锡山也因此采取了一连串的步骤，以北方国民革命军总司令的名义，令河北省主席、阎系大将商震派兵保护东陵，商震本人赴北平调查东陵盗宝案；限令遵化县县政府严缉盗墓正犯，依法惩办；令北平警备司令部派员赴东陵调查；令警备司令张荫梧派兵保护西陵。随即，商震奉令偕同总指挥部参谋长李晓沧及机要秘书许昌威由津来平，与孙殿英顶头上司徐源泉接洽。

与徐源泉洽商此事无异与虎谋皮，东陵盗宝案他就是幕后主谋之一，蒋介石、阎锡山双方都是虎视眈眈，使他感到担待不起，连忙通知孙殿英，尽快脱手赃物,以防夜长梦多。

孙殿英闻风而动,决定以宝物换军火,谁知派出送货的人刚一踏上青岛码头就被平津卫戍司令部的人逮住。同时,孙殿英的亲信师长谭温江带着一批珠宝字画约外商看货,也遭到侦缉,被卫戍司令部生擒。

孙殿英大惊,连忙向徐源泉求援,徐源泉大骂一顿孙殿英无能后,派出第六军团驻北平办事处长罗荣衮前往要人。在此期间,又一连打来两次电话,不无威胁恐吓。卫戍司令部也知道徐源泉是个莽夫,又执掌兵符,害怕引起驻军骚乱,忍气将谭温江交罗荣衮领走。

放走了谭温江,卫戍司令部上下怒火难平,徐源泉、孙殿英未免太霸道了。一气之下,将罗荣衮带来的题为《第六军团致北平警备司令部笔函》的秘密公文公布,制造社会舆论,为拘捕孙殿英留下伏笔。

公函云:"敬启者,兹有敝部第十二师谭师长源江,于本日敝军点验完毕后来平公干,在清华池洗澡,被贵部役员带去……希暂交敝部驻平办事处长罗荣衮保出,其中如有特别案情,愿随传随到。"公函由军团总指挥徐源泉签署。这份公函的曝光,等于将他与盗墓贼孙殿英拴到了一起,气得徐源泉七窍生烟,一不做,二不休,亲自出马,找来日本古玩商山水秀义,请他协助将这些珍宝挟带出境,寻机出手。

山水秀义满口答应徐源泉的请求,仗着自己是日本商人,大大咧咧,也不知防范保密,结果又被卫戍司令部的人侦知,在天津装船时被海关扣留。

连连失利,让徐源泉恼羞成怒,干脆大打出手,将一些兵痞开进北平城,专找卫戍司令部的人挑衅。以牙还牙,卫戍司令部也组织大批纠察队员与之抗衡,假以颜色,双方在北平这座大都市合演了一出全武行。

至此,阎锡山也感到徐源泉、孙殿英闹得太不像话,何曾把他放在眼里,决定军法会审,压一压徐源泉、孙殿英的气焰。

蒋介石正好借机插上一手,他要借题发挥,让阎锡山既遭到舆论谴责,又能敲打徐源泉和孙殿英,让他们对自己产生敬畏。

蒋介石来到北平,侍卫长送来一叠求见的名片,蒋介石扫了一眼,单单将徐源泉的名片抽了出去。

这种冷淡，让徐源泉摸不着深浅。第二天清晨，徐源泉挑出几件名贵的古玩和一对手镯，托蒋介石侍卫送给了新嫁娘宋美龄。

宋美龄是否收到这些礼物无据可考，但下午蒋介石就召见了徐源泉却是事实。蒋介石一副莫测高深的样子，表情冷淡，任徐源泉一旁喋喋不休，哈腰奉承，就是一言不发，弄得徐源泉心里直发毛。站在一旁的陈布雷忍不住提醒他，蒋总司令公务繁忙，徐军团长删繁就简地说说东陵事件始末吧。

这正是徐源泉心病所在，眼看着回避不了，他壮着胆子撒谎说，这都是匪首马福田作的案，他的部队只是在剿匪过程中清理战利品时才发现这些珍宝的。

陈布雷反驳说：据报纸所载，孙殿英才是直接组织者。

徐源泉辩解说：那纯系以讹传讹，是共产党造谣生事。

陈布雷摇摇头，这事和共产党毫无关系。他又追问了一句：那批所谓被马匪所盗的赃物究竟是如何处理了？

徐源泉硬着头皮回答：大部散落民间，只有少部被缴获，正拟运往南京。

就在这个时候，也不知是有意安排还是巧合，戴笠推门而入，直冲冲向蒋介石报告，孙殿英秘密存放的全部文物忽然间不知去向。

戴笠还说，最近一个阶段，不断有外国人向孙部洽谈购买文物之事，随着风声日紧，这些外国人现在也不知去向。

蒋介石挥手让戴笠离去，却冲着徐源泉冷冷一笑，请徐源泉暂回。

徐源泉几乎僵住了，这一笑包含着丰富的内容，隐藏着阵阵杀机。他不敢再大意，连忙通知孙殿英赶快寻门路，分别打点。他特别强调，不要吝惜钱财，尤其是最高当局和军法处，另外戴笠那头也不能马虎。

出身江湖的孙殿英何尝不懂"舍不得孩子，套不住狼"的道理，他从赃物中挑出几件精品：慈禧的玉枕送给了行政院长宋子文，绿玉为皮、紫玉为瓤、黑宝石为子的翡翠西瓜送给了宋美龄；慈禧凤冠上的宝珠及口中含着的夜明珠（这颗珠子分开是两块，透明光亮；合拢成一圆球，透出道道绿色寒光，夜间在百步之内可以照见头发，相传可使尸体不腐，价值连城）也成了宋美龄鞋面上的饰物；慈禧朝鞋上的两串宝珠则送给了孔祥熙、宋霭龄夫妇。至于戴笠，投其所好，将一柄古剑双手奉上，取"宝剑赠壮士，红粉赠佳人"之意。阎锡山那边也没少打点，价值五十万的黄金让一向视钱如命的阎老西两眼都笑眯了。

军事法庭方面，虽然没有证据证明接受过孙殿英的贿赂，但从审判的结果看，却是大事化小、小事化了，一味地曲意庇护。该军事法庭审判长为商震，他是很能体会老长官阎锡山的用心的。当时中国的政局是群雄并立，新的内战即将爆发，蒋介石、阎锡山之争也是迟早的事，谁都不想将孙殿英推到对手那边。所以，商震很"明智"地网开一面。从这个意义上讲，纵然不为钱财，也是为了本集团的利益着想。

1928年12月中旬，军事法庭开庭调查，颇具讽刺意味的是主犯孙殿英却接受了国民政府的任命，到烟台讨伐张宗昌去了，法庭调查只好被迫中止，直到1929年4月才开庭预审。

整个审判过程都表现得轻率、随便，只提了几位关系不大的嫌疑犯如杨震固、鲍建功等小喽啰。6月19日即通过一份八万字的判决书，声称该判决书"完全根据军法，毫无偏袒纵循之处"。

这份判决书秘而未宣，内情究竟如何，在记者再三追问下，商震模棱两可地表示："全案判决其罪情较重者当依法办理，其次将判决十一年、九年、七年以至数月徒刑者，均有之，唯希望法得其平，保障军法独立之精神。"

记者不禁哑然失笑，说什么"法得其平"，主要案犯都逍遥法外，孙殿英刚刚被国民政府委任为新编第二旅旅长，正风光得很呢。

就是这样一份判决书，也没有得到国民政府军政部军法司批准执行。随着中原大战爆发，蒋介石、阎锡山正大动干戈，对孙殿英这样的军阀拉拢犹恐不及，谁还有心思受理东陵盗宝案。

邵飘萍被枪杀之谜

邵飘萍(1886~1926)，浙江东阳人。原名镜清，后改为振青，清光绪十二年九月十四日（1886年10月11日）出生于浙江东阳。14岁考中秀才，19岁入浙江高等学堂（浙江大学前身）。1912年任《汉民日报》主编，袁世凯称帝后，为《时事新报》、《申报》、《时报》撰稿，抨击袁世凯的罪恶阴谋，以后又在两年里写了250多篇、20多万字的文章，揭露批判军阀政府。1918年接连创办了"北京新闻编译社"、《京报》，又与蔡元培一起，创办了"北京大学新闻学研究会"并举办讲习会，第一期学习的就有毛泽东、罗章龙等。

邵飘萍被人称为"新闻全才"。当时北京大官本讨厌见记者，邵飘萍却能使之不得不见，见且不得不谈，旁敲侧击，数语已得要领。如他夜探总理府，虚访美使馆，独家新闻总是被他抢到。邵飘萍风流倜傥，慷慨豪爽，善于言词，广泛交游，上至总统、总理，下至仆役百姓，他都靠得拢，谈得来。他重交情，讲排场，经常在酒楼饭馆宴请宾客，以期从客人的谈话中捕捉信息。

邵飘萍已成为中国百年新闻史上最光彩夺目的名字，他是我国民主革命时期杰出的文化战士、著名新闻工作者和新闻教育开拓者。他以报纸和通讯社为武器，宣传真理，抨击邪恶，锐意改革，为新闻事业贡献了毕生精力。他所著的《新闻学总论》和《实际应用新闻学》等，是我国最早的一批新闻理论著作。后人誉之为"乱世飘萍"、"一代报人"、"铁肩棘手，快笔如刀"等。更有"飘萍一支笔，抵过千万军"的高度评价。可惜的是，他于1926年被当时的北洋政府奉系军阀张作霖杀害于北京天桥。

那么，邵飘萍是因何被杀的呢？

关于邵飘萍的死因，目前有很多说法，比较流行的是因为"宣传赤化"，支持国民军等比较正面的原因，另一种是因乱拿津贴，报格有缺等负面原因。前者是根据当时军阀处置邵飘萍时罗列的罪名，以及根据《京报》报道分析得出；后者是最近学者根据当年报人回忆进行研究的成果。这里不一一列举，不过值得一提的是当时共产党刊物《政治生活》，也批评邵飘萍在职业操守上的瑕疵，"邵君晚近言论的确趋于进步的。有时也发表接近民意的文字，自然我们不能证明邵君发表此种文字时的动机若何……"；"根据北京各报所载，邵君向无定见，以金钱为转移，致遭各方毒恨，最近以宣传赤化嫌疑被奉军枪毙。如此记来，似邵君素行乏检，最近又犯军阀，真是罪有应得，死得活该"。对邵飘萍遇难的原因又增加了几分复杂。

在一个法制社会，一个人被判死刑，从理论上讲，和他的道德与社会人际关系并没有直接联系。但在北洋政府时期，则完全不同，执政者可以根据自己的好恶与判断，利用手中的权力直接宣判反对者死刑，而罗列出的罪名只是一个幌子，一个欺骗大众、对付舆论的借口。邵飘萍遇害就属于后者，因此内部原因比较复杂，需要分清楚表面原因和真正原因，间接原因与直接原因，以及远因、近因各是什么。

邵飘萍"宣传赤化"是导致他被杀的表面原因。这也是邵飘萍被判死刑的"罪证"，这个罪证的罗列是有根据的，《京报》在1926年1月以来，报纸上刊登的关于苏俄消息很多，而他反对章士钊，支持学生运动也是事实。关键是此次张宗昌、张作霖父子联合进京，打的旗号就是"反对赤化"，并以此获得帝国主义的金钱支持，因此更需要抓几个、杀几个"宣传赤化"的人给"出资赞助者"交差。但选择谁、不选择谁就全凭他们自己的意志，毕竟《京报》不是刊登苏俄消息的唯一报纸，而邵飘萍也不是支持学生运动的唯一人士。邵飘萍的被抓、被杀确有更深层原因。

得罪奉系军阀是邵飘萍被杀的主要原因，这里面就比较复杂。实际上当时骂张作霖的不仅仅是邵飘萍和《京报》，北京的《晨报》、《世界日报》等对奉系都有微词，但邵飘萍事前拿了奉系的钱却不为其说话，还指责并诋毁张作霖，让张作霖有种被戏耍了的差辱感。因此这是得罪奉系的重要原因。另外，由于邵飘萍与冯玉祥关系甚笃，也拿他的津贴，并在报纸上赞扬国民军，指斥张作霖为"违反民意，妄肆野心"，"独夫民贼"等，这又是一层仇恨。不过也有人认为导致邵飘萍被害的直接原因是他在郭松龄倒戈事件中的角色，以及郭松龄与张学良的关系。这是被很多研究者忽略的一个重要原因。

郭松龄是张作霖的心腹大将，曾为张作霖立下赫赫战功。他与张学良关系甚好，既是张学良的老师，也是他的部下，可以说郭松龄的决定就是张作霖的决定。二人不仅相知，而且相谅。张学良曾说，郭松龄是对他一生有重大影响的人，二人还义结金兰；张作霖也戏言，张学良除了不能把自己的老婆给郭松龄外，有口吃的都想着他。直到晚年，张学良还感叹道："如果郭松龄在，我现在就不会这样为难了；如果郭松龄在，日本就不敢发动九一八事变。"可见，他对郭松龄的倚重和深情。但郭松龄和奉系内部另一实权人物杨宇霆不和，并反对张作霖举兵入关的战略决策，他与奉系并不十分和谐。1925年，郭松龄与夫人到日本参观军事，听到张作霖正在日本购买武器，要与南方的国民军开战，郭松龄愤慨至极，遂决定联络冯玉祥共同反奉。这段历史史学界已有详细论述，并不是本文的讨论重点。在这场关乎奉军命运的大事变中，邵飘萍扮演了重要角色。虽然他不是最早联络郭松龄和冯玉祥的人，但在郭松龄回国后与冯玉祥的联络中，邵飘萍起到了重要作用。

邵飘萍和冯玉祥关系甚笃，曾因不凡的见识让冯玉祥聘请他为高级军事顾问，并得到丰厚津贴，《京报》上常有赞扬冯玉祥革命军的文章。当郭松龄和冯玉祥决定联合之后，他不仅在报纸上称赞郭松龄为"人民救星"，张作霖为"马贼""人民公敌",而且在私下的交往中,"主动宣传国民革命的形势,大摆张作霖引狼入室的罪行,促使他及早下决心,与割肉饲虎的张作霖决裂"。更派自己的如夫人祝文秀往来于北京、天津,暗中联络二人。祝文秀曾回忆说,"我经常为飘萍秘密递送文件,往返于京津、东北等地。飘萍每次要我代他去送信时,总是先朝我上下打量一下,然后把信拿出来,告诉我送信的地点,同时叮嘱我衣装打扮要华丽一点,阔气一点,有派头一点,应对时要机灵一点,""有时要我穿得朴素一点,普通一点"。当时冯玉祥驻京郊,郭松龄居天津,祝文秀经常往返于京津之间,替邵飘萍送密件。在回忆中,祝文秀虽然没有提及信件的内容(她也不可能知道),但印证了邵飘萍在冯、郭联合倒张事件中的作用。

1925年11月22日,冯玉祥与郭松龄签署密约,23日郭通电反张,24日,冯玉祥也发通电,历数张作霖的罪状,劝他引咎下野,以谢国人。1925年12月7日,《京报》刊出一期"最近时局人物"的特刊,照片下的说明文字为"冯玉祥将军"、"一世之枭亲离众叛之张作霖"、"忠孝两难之张学良"等以作配合宣传。

由于郭松龄在直奉前线的关键时刻倒戈反张,一度使张面临下野出走的绝境。后来郭松龄虽然被平定,但邵飘萍已经在张作霖必除之而后快的黑名单上。当然此前张也怀"仁心",希望用30万的巨款收买邵飘萍,创下旧中国最贵的言论舆论收买价格。但被邵飘萍拒绝。邵飘萍在被捕后,北京报界曾说情于张学良,希望他能本"尊重舆论"之意释放邵,但游说未果,被捕两天后,邵飘萍被枪杀。

张学良为什么不肯施救邵飘萍,他自己已经留下了答案。据当年上海《民国日报》报道:

"报界同人自得邵氏被捕消息后,即于前日(二十五日)下午三时,在某处开全体大会,讨论营救方法,当推定代表十三人,于五时同乘四辆汽车,赴石老娘胡同访张学良。当经张氏接见,各代表将来意说明后,张答谓逮捕邵氏一事，老帅与吴子玉（即吴佩孚）及各将领早已有此种决定，并定一经捕到，即时就地枪决。此时邵某是否尚在人世，且不可知，惟此次要办邵某，并非因其记者关系，实以其宣传赤化，流毒社会，贻误青年，罪在不赦，碍难挽回，而事又经决定，余一人亦难做主云云。各代表再三解释，并恳求张本夙昔尊重舆论之善意，将邵开释，或永远监禁，以保全其生命。张谓余情愿一一负荆请罪，此事实无挽回余地。各代表恳求至三小时之久，张当笑谓：余与郭松龄情谊之笃，世无伦可比，郭尚因他事犯罪，余亦可牺牲一己，与其私逃，但其前次举动，余实无法援助，及出兵讨郭之际，余尚致其一书，谓'尔前谓我战术参差，今度且看如何'，又致郭夫人一书，谓：'彼此此后不能复为跳舞之戏矣。'张又谓：'余对生死二字看得极透彻，其实何足关心。邵某虽死，亦可扬名，诸君何必如此，强我所难云云。'时张氏亟要赴齐燮元之预备会议，不能再谈，各代表乃悒悒而出，后又各以私人交谊奔走各方营救，但仍无效。"

从以上的记录中可以看出，开始的时候，张学良还以"宣传赤化"，此事由大家集体决定作借口搪塞众代表，但在代表再三恳请三个小时后，张终于说出了实情，"余与郭松龄情谊之笃，世无伦可比"，如果是犯了别的错误，张都可以和他"私逃"，但这次反叛倒戈，"余实无法援助"。如果不了解邵飘萍和此事的关系，很难理解张学良为什么突然扯到这个事情，但了解内幕的人都知道邵飘萍在此事上的角色。因此，虽然少帅与邵飘萍此前也有私交，但绝没有与郭松龄来得紧密，因此对这个"挑唆"自己的密友，反对"老帅"，而至丧掉全家性命的"教唆者"，一定要杀之以平心头之痛。更何况，郭松龄的反奉，已经使张学良在父亲面前无法交代。这可由张作霖给李景林一通电报证明。当郭松龄倒戈通电发出后，李景林也响应郭松龄，自天津给张作霖一电请张下野，把东北交给少帅，张复李景林电说："你如出关，我拱手相让。我与张学良今生父子，前世冤仇。"从这句话中可见张作霖痛心之深。这也是为什么张学良在关键的时候拒绝援手——杀邵飘萍，的确有向父亲表忠心的意思。因此邵飘萍的被害，表面上是因为宣传苏俄、"宣传赤化"，实际上是支持国民军反对奉系张作霖，而直接的原因是他暗中联络冯玉祥和郭松龄，促成郭松龄前线倒戈，却落得兵败命丧的结局，而张学良与郭松龄情同师生手足、惺惺相惜，在痛惜的同时，还面临着父亲张作霖的指责，在这种情况下，他是无论如何也不可能对邵飘萍缓颊的。

江浙财阀之谜

1926年7月，蒋介石从广州出师北伐，不出一年便攻克沪、宁，建立了南京国民政府，除了军事、政治诸种因素外，在经济上倚靠江浙财阀，这个观点在学术界当无疑问。但何谓"江浙财阀"？蒋介石是如何与江浙财阀建立联系的？这一直有争议。

史学界一般认为，"蒋介石原籍浙江宁波，他早就认识了几名上海资本家当中的浙江帮头面人物，最著名的有张人杰（静江）、虞洽卿和王震（一亭），蒋介石和这些人的联系，是由他早期资助人陈其美介绍的，陈曾是辛亥革命时期上海地区的军事领导人。他在1916年逝世前，把蒋介石介绍给有名的商人、孙中山的亲密支持者张人杰和曾一度担任过浙江财政厅长的周佩箴。1920~1921年间，当蒋介石在政治上失意时，曾利用他和周、张的关系，在上海做过证券交易经纪人。因此，1927年3月蒋介石与上海财阀中的主要人物接触是早有渊源的"。"1927年3月27日，虞（洽卿）在商业联合会报告他和蒋介石商谈的情况。两天后商联会的代表会见了蒋介石。表示只要他和共产党决裂，就给予经济支持……1927年4月1日与4日，商人和银行家垫付了第一笔为数三百万元的短期借款"。

以上论点表明，蒋介石与浙江财阀取得联系，主要是靠张人杰（静江）、虞洽卿等人的力量，张静江、虞洽卿即代表江浙财阀。

还有一种说法，即江浙财阀是张嘉璈、陈辉德、李铭、钱永铭四人。张嘉璈（号公权）时任中国银行副总裁，陈辉德（字光甫）为上海商业储蓄银行总经理，李铭（字馥荪）为浙江地方实业银行总经理，钱永铭（字新之）为浙江兴业银行总经理。

这4家领袖银行实力雄厚，控制了上海银行公会22家会员银行中的14家。1925年，这14家银行掌握着全部会员银行资金总数的84%。

1915年6月16日，"国务院电令中国、交通两总行，自即日起，对所有两行发行之纸币，及应付之存款，一律不准兑现与付现，并饬令将中国、交通两行总分行所有现金准备，一律封存"。

北京政府发布的"停兑钞票，止付存款"的命令，影响到所有在中、交两行及分行所有股东与存款者的利益，特别是依赖银行才能生存的江浙地区工商业大股东的利益。如照此执行，"中国银行将从此信用扫地，永无恢复之望。而中国整个金融组织亦将无由脱离外商银行之桎梏"。于是，中国银行上海分行副总经理张嘉璈与总经理宋汉章紧急商议后，立即与其他三家领袖银行磋商对付的办法，在浙江兴业银行董事长叶葵初、常务董事蒋抑卮、浙江地方实业银行李铭、上海商业储蓄银行总经理陈光甫及大股东刘厚生、大实业家张謇等支持下，决定抗令。同时张嘉璈还取得上海汇丰银行、德华银行等外国银行经理的支持，并得到北京公使团的首肯后，毅然宣布"为维持上海金融市面，保全沪行信用起见，已联合全体股东，公请律师代表主持沪行事务，督饬该行备足准备，所有钞票仍一律兑现……沪行所有存款，均一律届期照付"，公开抵制北京政府的停兑令。6月19日，上海中行兑现风波平息，这不仅是上海分行经济上的一次胜利，也是江浙财阀向北京政府要求政治上的分庭抗礼的一种表现，它显示了江浙金融财团左右政局发展的能力。

袁世凯死后，北洋军阀内战频仍，兵连祸接，民不聊生。每当战事发生，首当其冲便是金融业发生恐慌，挤兑风潮不断。而且军队搜刮现金，勒索借款，抢劫银行，导致金融业停滞破产的情况甚为严重，不能进行正常的经营业务。对此，张嘉璈深恶痛绝，希望有个安静的和平环境来建立中国现代化的金融组织。因此，他把目光投向了孙中山领导的广东国民政府，而帮助张嘉璈与广东国民政府拉上关系的关键人物是黄郛。

黄郛字膺白，早年留学日本东京振武学校，结识蒋介石与张群。辛亥革命时，任沪军都督府参谋长兼沪军第二师师长。他与陈其美、蒋介石为"盟兄弟"，在北京政府内阁中任过外交、教育总长和代理国务总理等职，后蛰居天津。

张、黄二人交往甚密。每当政潮起伏之际，张嘉璈都前往问计。在黄的努力下，张决心资助南方革命政府。1924年8月，广州大元帅府任命宋子文为中央银行行长。其时，广州市面金融混乱，中央银行因没有充分的准备金而滥发纸币，造成兑现竭蹶，通货膨胀等现象。宋子文派人赴香港，与中行香港分行经理贝祖诒商借部分现金。贝祖诒向总行副总裁张嘉璈请示，张嘱贝祖诒亲往广州与宋子文面谈。宋子文提出借款200万元，经张嘉璈同意后，贝祖诒先期借给宋子文50万元。广州中央银行得到这笔款项后，有了基本的准备金，纸币逐渐流通，金融得以维持，从而实现了财政统一。正因如此，1926年7月当国民革命军出师北伐时，宋子文电令出发各部队："我军到达各地，当加意维持中国银行。"当时，张嘉璈也正准备策应北伐，他借口就近指挥南方行务为理由，以中行副总裁名义前往上海。

1926年9月初，国民革命军进入江西时，急需军饷。部队到达赣州后，当地商民只认银元和中国银行发行的能兑换银元的钞票。当时，上海及东南各省在东南五省联军总司令孙传芳的统辖之下：一方面，孙调动大军准备入赣与北伐军殊死搏斗；另一方面，他残酷镇压五省境内的人民反抗，收缴上海商团武装并严密注视金融界的举动，禁止资金外流。张嘉璈在十分困难的情况下，秘密汇款到赣州前线银元30万，极大地支援了江西战场。

1926年11月，蒋介石进驻南昌以后，又得到中行南昌分行的支持，北伐军遂得以获胜。孙传芳狼狈逃回南京，除扩军备战外，对辖区内更加严密控制，张嘉璈又秘密拨汇20万元给蒋介石，而孙传芳仍旧懵然不知。

是年底，蒋介石特派张群至天津黄郛处，请黄郛出山，黄决定南下助蒋。临行前，张嘉璈指示北京总行，让黄郛携带密函，令汉口分行经理汪翊唐在蒋的北伐军抵达汉口时，凭蒋介石总司令部公函，可借支100万元。此款后在上海支付。黄郛到了南昌后，向蒋介石提出要与江浙财阀合作。

在北伐军出师广州至上海的这段时间里，蒋介石从中国银行上海分行共计获取150万元军费的支持，对于顺利进军是具有决定意义的。

1927年3月26日，蒋介石到达上海后，立即成立苏沪财政委员会，罗致江浙财阀及银钱业、商会代表为委员，并以上海商业储蓄银行总经理陈光甫为主任委员，同时任命前交通银行协理钱永铭为财政部次长，实际负责部务。苏沪财政委员会的权限范围经中政会议决："江苏及上海财政完全由江苏兼上海财政委员会负责办理……所有江苏全省原有中央直辖财政收火，应均解缴本会，其属于旧财政厅所有各项收入，应均解缴南京本会办公处，分别接收，概不得擅自拨支。"

一句话，所有的赋税均由苏沪财政委员会统一收拨，尽管如此，每月所有各项收入相加不足500万元，根本不够维持一个政府及其军队的庞大开支，因此需要发行大量公债。

同年6月1日，南京国民政府发行以上海海关"二五"附加税作抵之国库券3000万元，月息七厘。本息自1927年6月开始，分30个月还清，设立基金保管公库，复由政府委员三人及上海银钱两业暨商业商会等团体公举保管委员专司其事，以浙江实业银行总经理李铭为主任委员，江浙财阀的主要成员几乎都参与了支持蒋介石南京政府的经济活动。

这次发行"二五"国库券，金融界首当其冲垫款1300万元，并在其中认购500万元。但认购库券的行动遭到了部分外国银行、厂家、公司的抵制，因此不与新政权合作的资本家被定为资助军阀、奸商等罪名而遭逮捕，如上海与无锡的棉纱、面粉大王荣宗敬就是一例，当他捐款25万元给政府后，便得到释放。

因此，如果没有江浙财阀在经济上的支持、帮助，国民政府是维持不下去的。1927年9月15日，钱永铭在报告中说："自国府成立以来，军政所需，支出达四千余万元之巨，财政部筹款异常困难。幸赖财政委员会诸君，暨银钱业、商会各界协助，得以发行二五库券于短期内募集足额。此外原拟再发盐余库券，因江北经敌军扰乱，盐税未能统一，故议而未行，仅以垫款抵押品，按所发二五附加库券收入两千万余元，银行垫款一千三百万元，其他各项收入只一千余万元，军费支出占去四千一百余万元。"收支约略相当，这种财政状况，要维持一个政府，完成统一大计，是不够的。

1928年1月7日，宋子文就任南京国民政府财政部部长。当时国民政府每月收入不足300万元，而军政费开支需1100万元。1月10日，宋子文提出发行第二次海关二五附加税国库券4000万元，利息8厘，前两年付息，4年4个月本息还清，由上海金融业承受，先行垫款，而此次又是以中国银行为首的几家银行摊派的百分比最大。

由于库藏支绌，同年3月27日，国民政府财政部发行卷烟税为担保的国库券1600万元，利率月息8厘，3年7个月还清。而负担此项库券垫款的仍然是江浙财阀，中国银行又作为认购之大宗。

以上事实说明，在北伐战争前后，张嘉璈等江浙财阀有力地支持了广东国民政府与蒋介石的，没有江浙财阀，也就没有后来的南京国民政府。

暗杀党头目王亚樵死于谁人之手

1935年11月，汪精卫在南京中央党部被刺，全国轰动。蒋介石也大为恼火，限期戴笠破案。在侦破过程中，戴笠等知道孙凤鸣要杀的是蒋介石，蒋介石这日没出场，逃过一劫。同时，又发现孙凤鸣与王亚樵有联系。戴笠派人四处搜捕王亚樵及手下的人。那么，王亚樵是何人？为什么行刺蒋介石呢？

王亚樵（1887～1936），安徽合肥人，又名玉鼎，字擎宇。身材瘦小，貌甚斯文，戴黑框水晶眼镜，颇像教书先生。为人机敏刚强，疾恶如仇，又好锄强扶弱，急公好义。江湖人士赞其侠肝义胆，誉为"上海滩小孟尝"，百姓叫他"江淮大侠"，国民党政要说他是"帮匪"，租界当局称之为"政治谋杀案主谋人"，日伪骂他是"暗杀狂"！

王亚樵极具传奇色彩也颇具个性，早年曾投身辛亥革命，积极参加反清活动，但一直受上层人物的排挤，不为当局所容。1912年2月，王亚樵至南京参加社会党，倡言"铲富济贫"。10月，任社会党安徽支部长（总支部设在肥东撮镇夏家祠堂）。先后在巢县、全椒、滁县、安庆等地，广召会员。1913年冬，倪嗣冲夺取皖权，宣布社会党为"乱党"，王亚樵亡命于上海。

后来积极在皖籍上海工人中开展帮派活动，1921年以柏文蔚、李少川的名义，组织安徽旅沪同乡会，王任评议员。组织了一支腰别利斧的安徽劳工敢死队，人称"斧头党"，即"斧头帮"，王亚樵成了"斧头帮"的首领。他们专门对付其他帮会和欺压工人的富商，人称"斧头党"、"暗杀团"，一时名震上海。汉奸卖国贼无不闻风丧胆、噤若寒蝉；他反蒋讨蒋，蒋介石悬赏百万买他的人头；他暗杀日寇重光葵，炸毁日舰"出云号"，日谍报机关遍设陷阱诱他投罗网；江湖帮派恨他入骨，欲杀之而后快。蒋、日伪、帮会、租界当局各路人马都欲将他置之死地，他仍不改初衷，遵循一贯主张：拥孙、反蒋、抗日。崇尚"五步流血"的暗杀手段来除暴安良，救国救民。从合肥杀到上海，从上海杀到南京，从南京杀到武汉、福州、香港、南宁……贪官污吏他杀，汉奸特务他杀，日本将领他杀，连蒋介石、汪精卫、宋子文他都要杀，没有他不敢杀的人。

沈醉先生曾风趣地说：世人都怕魔鬼，但魔鬼怕王亚樵。蒋介石一提这个人，假牙就发酸；戴笠若是听说这个人又露面了，第一个反应就是检查门窗是否关好。而汪精卫的肋巴骨硬是被王亚樵这三个字活活敲断的。连上海滩超级恶霸黄金荣、杜月笙一类流氓泰斗遇上王亚樵，也得紧绕着道儿走。王亚樵的刀枪几乎触动了中国大地上他所能光顾的所有的阴暗角落，也因此遭受了来自日、伪、特、帮数重势力的围追捕杀，蒋介石悬赏百万收购王亚樵的人头；汪伪政权派出特务层层布防，欲置王亚樵于乱枪之中；日本谍报机关步步紧迫，屡设陷阱引诱王亚樵投身罗网。

刺杀汪精卫案发生后，国民党特务头子、军统局局长戴笠率领大批特务进入香港，千方百计捉拿王亚樵，王处境困难，遂于1936年2月偕20余人及眷属离开香港，到达广西梧州，住在李济深家的圩子里。

王亚樵侠肝义胆，对他的下属照顾备至，下属牺牲之后，他的眷属生活一切费用均由他精心料理，因此这些下属无后顾之忧，心甘情愿为之效力，死而在所不辞。戴笠等人利用王亚樵这一特点，以绑票的方式把王的部下余立奎从香港抓到南京，关进了监狱。余立奎誓不叛变，戴笠等人又找到余的小妾余婉君，以释放余立奎为条件，让她与王亚樵取得联系。

9月20日，余婉君突然由香港来梧州，说有事请王亚樵去她家商谈。余婉君的突然到来，并且有许多令人生疑的言行，引起了大家的怀疑，他们都提醒王亚樵要对她特别注意。王亚樵则不以为然，他认为余婉君是余立奎的亲属，不能过疑，否则对不起朋友。王亚樵哪里料得到，余婉君此时已为戴笠所收买。原来自余立奎被捕后，余婉君和孩子居住在香港，生活费用由王亚樵提供，所以余婉君知道王亚樵在梧州的地址。王亚樵不知是计，只身前往。

王亚樵一进门，特务立即向他撒了一把石灰，王亚樵的眼被迷，但犹赤手空拳坚持同特务搏斗。特务原想生擒王亚樵，看势不可能，即用枪击、刀刺，王亚樵身中五枪，被刺三刀，当场殒命，终年49岁。特务又残忍地用刀将王亚樵脸皮剥去，拿回去向戴笠表功。临走时为了灭口，又将余婉君杀死。

1936年10月，国民党《南京日报》以醒目的大标题："暗杀党头子王亚樵被刺。"报道说："王亚樵平常不守正道，专门聚集亡命之徒，暗中谋杀异己，企图危害国家要人，现为争夺女色，被人暗杀；刺客将其面皮削去以泄恨"云云。

如何评价王亚樵的暗杀活动？20世纪30年代，在上海从事地下工作、王亚樵的重要助手之一、建国后任国务院某部负责人华克之，在"为南京晨光通讯社诸烈士逝世一周年纪念告全国同胞书"中说："我们不是王亚樵的徒弟，也不是任何人的徒弟，我们有绝对独立的人格。关于这一点，总有大白于天下的一天。""如以王亚樵抗日爱国反蒋的精神而论，王亚樵是个好人，我们确曾和他结成过爱国抗日反蒋统一战线，自信无愧于良心。"

毛泽东说："王亚樵杀敌无罪，抗日有功。小节欠检点，大事不糊涂。"

说王亚樵是残忍的杀手、恶魔；是志士、极端的爱国者，都可以。王亚樵的一生由后人来评说。